BUDDHISM

これでは、不幸まっしぐら

今すぐ変えたい30の思考・行動

佛心宗大叢山福厳寺第31代住職

大愚元勝

Taigu Gensho

佼成出版社

はじめに

私のもとには、日々たくさんの人生相談が寄せられます。嫁姑問題、職場での人間関係の悩みから、お金の不安やのっぴきならない深刻な問題まで、相談内容は実にさまざまです。多くの人が、「幸せになりたい」と願い生きていながら、不幸を嘆いています。

仏教が説く真理を単純明快に示す教えの一つに、「因縁果報」があります。すべての物事には、原因となる因があり、それが何かの縁に触れることで結果を生じる。そして、生じた結果は、そののちに影響を及ぼすことを示した教えです。

このことは、私たちが「不幸だ」と感じる心の働きにも当てはまるのです。不幸になる原因、それは、「貪《とん》・瞋《しん》・癡《ち》」という仏教が説く三つの心の毒（三毒）に当てはめることができます。満ち足りなさを補おうと貪る心（貪）、他人に対して抱く怒りの心（瞋）、真理・道理への無知から生じる愚癡（癡）。これらの心の三毒が、人間を「不幸まっしぐら」な道に迷わせる最大の原因だと言っても過言ではありません。

この心の三毒に冒されなければ、人間は不幸まっしぐらな生き方から脱することができるわけですが、三毒を制御するのは容易ではありません。なぜなら、悩みや不安などの苦として生じてくる結果に対し、原因を正しく知ることも、その原因を取り除く努力をすることも、簡単ではないからです。

たとえば、健康診断で体に思わしくない数値が見つかり、精密検査を受けたら重大な疾患が見つかった。「なんで私がこんな病気に」と、一時は頭が真っ白になるかもしれません。「治療法はあるのだろうか」「治療費はいくらかかるだろうか」と、私たちは病気がわかって初めて、対処を考えるようになります。

多くの場合、病気は偶発的に生じるものではありません。むしろ、悪い生活習慣の積み重ねによって生じることの方が多く、現代医学でも証明されています。私はセラピストとして十五年以上、人間の体に関わる事業をしてきましたが、捻挫一つでも、背景には生活習慣が深く関係しているのです。

不摂生をしたり、夜更かしをしたりしないように、普段から自制できれば、病気にもなりにくくなるわけですが、残念ながら健康なときには意識できず、見過ごしてしまうものです。「胃が重たいな」と不調を感じて初めて、食生活を見直す。見直せばまだいい方で、胃薬を飲んで対処し、痛みが消えればまた不摂生を繰り返す人もいるかもしれません。これでは、いつまで経っても問題が根本的に解決されることはないのです。

心もこれと同じです。人間関係の悩み、お金の不安、誰かに対する怒りの感情も、すべて、ある日突然降りかかってくるものではないのです。背景に必ず、小さな習慣の〝乱れ〟が隠れています。悩みや不安が頭をもたげてきて初めて、私たちは問題を認識しますが、もっと手前の段階で改めなければならない、自らの習慣があることには気がついていない人がほとんどではないかと思うのです。

まずは、自分が心の三毒に冒され、誤った生き方をしていないかに気づくことが大切です。「最近、うまくいかないな」「どうしたらこの不安はなくなるだろう」と感じたときに、本書を開き、自分に当てはまる行動があれば、少しずつ改善する習慣を身につけてもらいたいと思います。

仏教では、心を見つめ、人格を向上させることを重んじています。そのためには、心が健康なときにも、絶えず現状を認識し、歩むべき方向性を定めて精進・努力していくことが求められます。東南アジアの仏教国では、仏さまや聖者の遺骨などが埋められた「ストゥーパ」という仏塔が、町のいたるところに建っています。現地の人々は、目に見える形で存在するこの「ストゥーパ」を見て、自分の精進の具合を絶えず点検し、さらなる修行に励んでいます。本書が皆さんにとって、心の点検を図る「ストゥーパ」の役割を果たすことを願っています。

大愚元勝

［目次］

第二章　決まりごとが守れない人

第三章　利己的で欲深い人

第四章　無知で苦しむ人

第五章　思いこみが激しい人

第六章　チャンスを摑めない人

イラスト：白井 匠
装丁：冨澤 崇 (EBranch)

第一章

感情を制御できない人

Buddhism

Buddhism

不機嫌さを撒き散らす

瞑想

特徴

Characteristics

理由はわからないが、「話しかけるな」オーラを纏《まと》い周囲を威嚇《いかく》している。舌打ちやため息が目立つのも特徴。

時々、物を雑に扱うなど、「話しかけてほしくはないけど、心情を察してほしい」というメッセージを周囲に発している。

◉〈不幸まっしぐら〉の原因と背景

職場に勤めている人から、「いつも不機嫌な態度をする人がいて、困っているんです」という相談を受けたことがあります。仕事の話をしようにも、どうにも近寄りがたい雰囲気を醸しだしているため、必要以上に機嫌をうかがってしまい気疲れする、というお悩みでした。大なり小なり、不機嫌な態度の人に気を遣う経験をしたことがある人もいるでしょう。あるいは、自分自身が不機嫌な態度をとってしまったことがあるという方もいるかもしれません。

つっけんどんな物言いやムッとした表情で不機嫌さをあらわす場合もありますが、そうした高圧的な態度をとる背景には、「意のままに他人をコントロールしたい」という思いが隠れています。押し通したいと思っても、言葉で説明することができない、あるいは説明しても聞き入れてもらえないと思いこみ、周囲に〝察してもらいたい〟という甘えから不機嫌な態度をとってしまうのです。

また、自分が不機嫌である理由に気がついてほしいという意思表示の場合もあります。「本当は手伝ってもらいたい」「無神経な言葉を言われて傷ついたから、謝ってもらいたい」など、心情を理解してもらいたいがためのアピールです。一見、関わってほしくないような態度をとるのですが、心のうちでは自分の窮状を訴えているというケースもあります。

いずれにしても、自分の態度が周囲にどのような悪影響を与えるかにまでは想像力が及んでいないわけですから、本人の未熟さが原因にあると考えられます。

◉待ち受ける末路

不機嫌な人に接するとき、周囲は緊張感を覚えます。「話しかけていいのだろうか」「逆上して怒られるのではないか」と、腫物に触るようでストレスも感じるでしょう。不機嫌な人が自分のなかで悶々とする感情をもっているだけならまだいいのですが、周りに気を遣わせることで、周囲にも悪影響を及ぼすから厄介です。不機嫌さを撒き散らすことで人をコントロールしようとする人が職場にいれば、チームとしてのパフォーマンスも大きく下がってしまうからです。

誰だって自分に悪影響を与える存在にはなるべく近寄りたくありませんから、仕事で関わる機会がなくなれば、不機嫌な態度をとっている人と関係をもち続けることはないでしょう。不機嫌な態度をとることで、たとえ一時は意のままに周囲を動かすことができたとしても、やがて、集団のなかで孤立していく末路をたどることにもなります。

また、怒りや悲しみといったネガティブな感情が、不機嫌さという態度にまであらわれてきているのは、心が炎症作用を起こしている状態といえます。怒りをぶちまけてしまう一歩手前とは言え、炎症を放置しておけば次第に傷は深くなります。怒りや悲しみが自分自身の心身を少しずつむしばんでいき、心と体のバランスを崩すことにもなりかねませんから、早急に対処することが必要です。

◉仏教的な生き方にスイッチ

耳の痛い言葉かもしれませんが、もしもあなたが不機嫌さを撒き散らしてしまう人であるならば、まずは不機嫌さを利用して他人をコントロールしようとしている未熟な自分を認めることが必要です。そして、「私はいま、あの人の発言に腹を立てている」「本当はこうしたいのに、理解してもらえなくてイライラしているんだ」といった、自分の本心に目を向けていくと、冷静さを取り戻すきっかけをつくることができます。

いままで無意識に行動していたことを、意識的に見つめ制御していくのです。そのためには訓練が必要になります。

そこで「瞑想」が役立ちます。瞑想は、仏教だけでなくヨガなどで用いられる宗教用語です。瞑想というと、静かに黙して精神を統一するイメージをもたれる方も多いと思いますが、仏教ではパーリ語（古代インドの言語の一つ）で「サティ」といい、「気づき」を意味します。「あっ、私いま不機嫌になっている」と、自分の気持ちに気づき、自分を客観視できる余裕ある状態をめざすのです。

まずは、自分がいまどういう状況に置かれ、何にどんな思いを抱いているのかを、静かに考える時間をもつことから始めてみましょう。仕事中でも、休憩時間中でも、気持ちを落ち着ければ十秒ほどの時間があればできることです。怒りや不安に心が揺らいでいるときは、紙にいま感じていることを書き出すことでも、感情の整理をすることができますから、試してみてください。

できれば、お昼休みや寝る前など、決まった時間に瞑想をすることをお勧めします。私たちは、たとえ、自分の行動に問題があったとしても、感情が落ち着いているときにはその問題を認識できません。さらに、怒りや不安を感じていると、今度はそのことにとらわれて冷静さを失う生き物です。ですから、決まった時間に自らの心を定点観測することが非常に有効なのです。

最後に、自覚症状がある人でも、「自分は未熟な人間なのか」と落ち込む必要はありません。どんなに冷静そうに見える人でも、触れる縁によって感情は揺らぐものです。それが人間ですから、感情の揺らぎをなるべく意識的に自覚できるように「瞑想」を取り入れてみてください。

Point

不機嫌は百害あって一利なし。自分の心を見つめる時間をもつことで感情の揺らぎを自覚し、意識して制御しましょう。

あれこれ悩む

Buddhism

もし仕事がなくなったら…
もし病気になったら…
老後が不安…

八風吹けども動ぜず

特徴
Characteristics

心に不安なことが生じてくると、悪い方に物事を考えてしまうため、いつも気が休まらない。誰かの言動や目の前に起きてくる現象に一喜一憂し、不安に次ぐ不安を膨らませてしまう。

普通の人から見たらなんでもないようなことが、本人にとっては一大事に思えていることも……。

◉〈不幸まっしぐら〉の原因と背景

同僚や友人、家族との人間関係の悩み、進路・キャリアに対する悩み、お金の悩み……生きているだけで、次から次に悩み事が出てくるのが私たちの人生です。新型コロナウイルス感染症の蔓延、不景気で先行きの見えない状況下での物価高騰や社会保険料の負担増など、多くの人にとって決して楽観視できない現状があると思います。収入が減るなか、「老後二千万円問題」は依然として横たわっており、老後にも不安を覚えた方が少なくないでしょう。日常生活においても誰かのサクセスストーリーを見聞きするたびに「私の人生このままでいいのだろうか」と心を揺さぶられて不安になるなど、人生とは、尽きない苦しみに満ちたものだといっても過言ではありません。

お釈迦さまは、「この世の一切は苦である」とおっしゃっています。私たちが生まれ、死にゆくそのときまで、すべてが苦しみだというのです。とても厳しいお言葉ですが、間違いのない真理だと思っています。ですから、悩みが尽きないのは、ある意味では人間の定めだといえるのです。

「いや、人生には楽しいこともある」と思う方もいらっしゃるでしょう。好きな人とのデート、家族や友人と行く旅行など、たしかに苦ではない一面もあります。ですが、大好きな異性であればあるほど、連絡が取れないときに不安になったり、楽しみにしていた旅行が台風で中止になって落ち込んだりと、「思いどおりにならないこと」が生じると、楽も苦に変わってしまうのです。

人生の一切が苦であるこの世の中で、悩みが尽きないのは当然である——このことへの理解がないと、他人の言動に振り回されたり、比較して自分を卑下したりするなど、一喜一憂しては、あれこれ悩み苦しむことになります。

誰にとっても、悩みがあることは非常に苦しいことです。ではなぜ、過剰に不安を感じて悩み続けてしまうかというと、それは自分自身の存在が脅かされるのではないかという危機意識を人間がもっているからです。

研究でもあきらかになっていますが、ホモサピエンスの時代、人間は自分たちの命を脅かす危険な存在や経験を記憶することで、生存の可能性を高めてきました。「この分では、冬を越すには食料が足りないな」「また隣の部族に襲撃されるかもしれない」といった危機意識から、命を守るために想像力を働かせてきたと考えられています。もちろん現代においては、直接的に命を狙われることはほとんどありませんが、危機意識が潜在的に働いており、「これからも健康に働けるだろうか」「リストラにあって会社を追い出されないだろうか」と、あれこれと悩んでしまう習性につながっていると考えられるのです。

◉待ち受ける末路

悩み苦しむことがあたりまえの世の中ではありますが、生じてくる悩みにいつまでもとらわれていると、気持ちが休まらないばかりか、悩むことに膨大なエネルギーを消費します。なるべくなら、大切なことに時間とエネルギーを使いたいものです。

そして、私たちが何に悩んでいるかを冷静に分析すると、実は脳内で勝手に作り上げている不安だったということも少なくありません。

たとえば、老後のお金についての悩みも、「老後には年金のほかに二千万円の貯蓄が必要なんだ」ということにとらわれ、漫然と不安を抱えていることだってあるのです。持ち家があるのかないのか、一人暮らしなのか夫婦での暮らしなのか、退職金はどのくらいもらえるのかなど、一人ひとりの置かれた状況によって違いがあるにもかかわらず、本当に必要なお金がどれくらいなのかも把握せずに不安を募らせていることもあります。

このように、悩みに悩みを重ねることは体にも良くありません。過度な悩みを抱えていると、ストレスホルモンが分泌され、心筋梗塞や血管障害のような重病を誘発するリスクが高まることがわかっています。これでは、生存率を高めるはずの危機管理能力が、真逆に作用する末路をたどってしまいます。

そこで、私たちは〝杞憂かもしれない〟悩みに対し、どこかで折り合いをつけて生きていかなければならないのです。

◉仏教的な生き方にスイッチ

悩みを増幅させる一番の原因は、「反応してしまう心」にあります。人間は、「きっとあれが原因だったんだ」「あの時こうしていればよかった」と、過ぎてしまった過去を後悔することに記憶力を使い、「きっとこう思われるに違いない」「この先、こんなトラブルに発展するかもしれない」と、まだ来ていない未来を思い煩《わずら》うことに想像力を使ってしまいます。それは危機を回避するために必要な能力ではあるものの、いまに集中する思考を妨げるようでは本末転倒なのです。そこで、いたずらに心が反応し、不安を自ら増幅させないための工夫が必要になります。

禅語に「八風《はっぷう》吹けども動ぜず」があります。これは修行僧に向けられた言葉で、悟りに至る修行を妨げる八つの出来事を風に例え、その風に動じないための心得を説いた言葉です。

八風とは、「利（利益）」「衰（衰退）」「毀（陰口）」「誉（名誉）」「称（称賛）」「譏《き》（悪口）」「苦」「楽」を指します。これらは、私たちの心を惑わし、つい反応してしまうものの象徴です。「楽して儲けたい」「手に入れた地位を手放したくない」など、自分にとって心地よいことに心奪われたり、他人の悪口や陰口に反応したりしてしまう。昔から、人間はこの八風に心を揺らされ、悩みを募らせてきたのです。

では、この八風に動じないためにはどうするか。それは人生に大きな目標を定めることです。「堂々とした人間になりたい」といった人間としての理想像でもいいですし、「十年後にこんな暮らしをしていたい」という具体的な到達点でもいいので、自分が達成したい目標を立てます。これがあれこれ悩むことに役立つ最大のポイントは、目標に向かって努力していると、いままでつい反応してしまったようなことが、取るに足らない小事に思えてくることです。

私自身がこの「八風吹けども動ぜず」の真髄を体感した忘れられない経験があります。それは大型バイクの免許を取ったときのことでした。

試験に、平均台のような細い一本橋を低速で渡るテストがありました。自転車に乗ったことがある人ならご理解いただけると思いますが、二輪車は止まっているときには重心が安定しません。ある程度スピードが出てくると、初めて安定してくるのですが、試験では自転車よりもはるかに重たい大型バイクを低速で走らせなければなりません。しかも、バランスを崩した際に足を着いても、自分だけで支えられる重さではないので、恐怖心からパニックに陥ります。横から吹いてくる風に気をとられ、注意力をもっていかれることに苦戦しました。

そこで、どうしたらふらつかず、重心を安定させられるのか。答えは、〝出口をしっかり見ること〟なのです。足元ではなく、遠くにあるゴールに集中すると、ゆっくり走っていても重心が傾くことがなくなります。現実の世界もこれと同じことだと思います。八風が吹いても動じない自分であるために、しっかりとした目標をもつことが大切なのです。

Point

なりたい自分や到達したい目標を掲げ、いまに集中して堂々と生きてください。

人を恨む

Buddhism

善知識

特徴 Characteristics

人前で恥をかかされたり、仲間だと思っていた人に手のひらを返されたりすると、強烈な恨みをもつ。

復讐心に燃え、一矢報いるための復讐プランを考えては悶々としている。復讐心がエネルギーになることもあるが、たいていはトラブルを起こす引き金になる。

◉〈不幸まっしぐら〉の原因と背景

人前で叱責されたり、からかわれて恥をかいたり、仲間だと信じていた人に大切なものを奪われるなど、信頼や期待を裏切られるようなことがあると、人は怒りや悲しみを覚えます。その怒りや悲しみが深く強いものになっていくと、恨みの感情になります。

私自身、修行時代に師匠から受けた厳しい指導や、学生時代から長く続けてきた空手の先輩による理不尽な指導に、恨めしさを抱いた経験があります。「まじめにやっているのに、なんで意地悪のようなことをするのか」「稽古にかこつけて弱いものいじめをしているだけではないか」と、悔しさに涙しながら、「なんとかやり返せないものか」と復讐心に燃えていた時期もありました。

人間が恨みを覚えるきっかけはさまざまです。誰かが発した何気ない冗談が、本人にとっては図星で、馬鹿にされたように思い恨みが生じることもあれば、あえて厳しい言葉で指導をすることで弟子を成長させたいと願う師の思いとは裏腹に、本人に受け止める度量がなく、恨みを買ってしまうこともあります。私のもとに相談に来る人のなかで特に多いのは、人一倍の努力をして貢献したにもかかわらず、思ったように評価してもらえないというケースです。こうした人は「私は評価されてしかるべき。忠誠心をもって取り組んできたのに裏切られた」という思いをもっています。つまり、被害者意識があるということです。

私自身も「たとえ相手が弟子であろうと、師や先輩は、弟子を人間として尊重するべきだ。それなのに、いじめるようなことをして軽んじるのはおかしい」など、「こうあるべき」という理想に対して現実が伴わないところに恨みの感情を抱いていたように思います。

もちろん、悪意がある嫌がらせや嫌味、憎まれ口に対する恨みもあるでしょう。友達に好きだった異性を奪われてしまったショックから、恨みに転じる場合もある。挙げてみればきりがないほど、人は人を恨むきっかけをもっているのです。

◉待ち受ける末路

とくに気をつけなければいけないのが、近しい関係にある人へ抱いた恨みです。あまり親しくない人から何か嫌なことをされたとしても、最初はムッとするかもしれませんが、恨みをもつまでには至らないことも多いでしょう。「失礼なことを言う人だな、もう関わるのはやめよう」と、比較的気持ちも切り替えやすいため、心に長くとどまることはありません。

しかし、親しい人への恨みはそういきません。関係性が深かったり、日常的に接する近しい人だったりすると、恨み心を払拭することが難しいからです。

恨みがもつエネルギーは強力です。ひとたび強烈に抱いた恨みは、なかなか頭から離れてくれません。「今度こう言われたら、こう言い返してやろうかな」「自分が裏切られたように、いつか同じ目に遭《あ》わせてやる」という復讐心は、心の火に油を注ぐように、もてばもつほど勢いを増していくものです。次第に、潜在意識に思いが刷り込まれ、ついカッとなって相手と衝突してしまい、別のトラブルに発展することも珍しくないのです。

また、たとえばトラブルにまでは至らなかったとしても、恨み心の恐ろしいところは、何かのきっかけで瞬時に記憶がよみがえり、一度思い出すと、長く自分のなかでとどまる持続性を備えていることです。強烈な怒りや悲しみから生じる恨みの感情に心が支配されると、目の前のことに集中できなくなります。眠りにつこうとしたとき、ふと思い出した恨めしい出来事によって、心が怒りで悶々としてくれば、睡眠の時間は削られ、質も大きく下がってしまいます。こんなことを繰り返せば、恨みの心に自分自身が支配され、冷静な行動がとれないだけでなく、周囲との調和を乱したり、心をむしばまれ、病気を誘発することもあるのです。

なんとも腹立たしいことに、あなたの恨みを買った当の本人は、あなたとのことなど何とも思っておらず、ケロッとしていたりする。これでは、恨みにとらわれている人だけが、大事なものを失っていく末路をたどることになります。

◉仏教的な生き方にスイッチ

なるべくなら、恨み心は初期のうちに対処するようにしましょう。速攻性のある対処法としては、自分の心情を信頼できる人に聞いてもらうことが有効です。強烈な恨み心を本人にぶつけてしまう前に、第三者に打ち明けると、一時的に怒りを手放すことができるからです。

それでも、恨みのもつエネルギーは強烈ですから、なるべく意識しないようにすることも大切になります。

仏教に、「善知識《ぜんちしき》」という言葉があります。「よき友」「自分のことをよく知ってくれている人」という意味で、先ほどの信頼できる人も善知識にあてはまりますが、ここでは「高い徳行を具えた人物」ととらえていただければ結構です。恨みを克服していくために、この「善知識」に出会うことが非常に有効だと思っています。

「自分の周りにはそんな立派な人はいない」とお思いの方もいらっしゃるでしょう。この

「善知識」は、知人や生きている人だけでなく、歴史に名を遺すような偉業を成し遂げた人物でも構いません。その方がどんな人生を歩んできたのかを、本などで調べてみてほしいのです。

たいていの人が、人生の過程で誰かを恨んだり、あるいは恨めしく思ってしまいたくなるような出来事に遭遇していることに気がつくと思います。

自分の運命を呪いたくなるような出来事に対し、その方が恨みとどう向き合っているかに注目してみてください。おそらく、恨みにとらわれて自暴自棄になったり、相手をおとしめたりすることにエネルギーを使うのではなく、むしろ、新たな一歩を踏み出す糧にしていることに気がつくはずです。

「この人に比べれば自分の恨みなんて小さなものだ」と、比較して安堵することが目的ではありませんが、壮絶な人生を生きている先人たちの生涯に触れると、いまの自分の境遇を冷静に、かつ客観的に見つめ直す機会をもつことができます。そうして心の余裕が生まれると、実は自分が恨みに思っている人が、真に自分を成長させてくれる尊い相手だったのではないかと思えるようになるのです。

振り返ってみると、私自身が恨めしく思っていた先輩たちは、いま最も尊敬している人物になっています。自分の精神を鍛えてくれた諸先輩たちのおかげさまで、ちょっとやそっとのことでは動じない心がつくられていたことに気がついたからです。いまでは、「当時の自分の解釈が至らなかったのだな」と思えるようになっています。

「善知識」には「正しい道に導く人」という意味もあります。いま恨みに思っている相手が、まさに自分を人生の正しい道に導くための人だった——そう思えるかどうかは、あなた自身のとらえ方一つで変わるのです。

恨みを、人生を前進していくためのエネルギーに変えていくのか。それとも、誰かを恨み続け、自分の心も体も病んでいく末路をたどるのか。物事のとらえ方、解釈によって結果は大きく変わっていくでしょう。

Point

恨めしい相手こそ、実は自分の〝殻〟を破ってくれる拝むべき人です。決して、恨みを晴らすことにエネルギーを消費してはいけません。

Buddhism

人の不幸を見て安心する

同事

特徴
Characteristics

典型的な「人の不幸は蜜の味」タイプ。暇さえあれば芸能人のゴシップネタをチェックしている。知人の失敗や失恋など、常に誰かの不幸話にアンテナを張り巡らせている。

　他人の不幸を知って安心しているだけで、自分が幸せになるための努力はしていない場合が多い。

◉〈不幸まっしぐら〉の原因と背景

週刊誌の「文春」が芸能人のスキャンダルを報道し、それが「文春砲」として注目されてからというもの、芸能人のスキャンダルに対して世間の目が向く機会が増えたように感じます。いままでは、中吊り広告の見出しを見て、雑誌を手に取った人だけが読んでいた情報が、ネット上で非常に強い拡散力をもつようになったからでしょうか。こうしたスキャンダルに関心を寄せる人は、昔も一定数はいたのでしょうが、現代ほど、それが露骨にあらわれている時代はなかったように感じています。また最近では、謝罪会見だけでは済まず、芸能界引退に追い込まれるなど、世論の影響力ははかりしれなくなりました。

もちろん、スキャンダルとして取り上げられるようなことをした本人に非があることは間違いありません。しかし、冷静に考えてみれば、会ったこともない芸能人の不祥事など、多くの人の人生にはなんの関係もないことです。そうであるにもかかわらず、なぜ関心が寄せられるのかといえば、「他人の不幸は蜜の味」だからです。失敗した人、不幸のどん底にいる人を見て、「自分はあの人に比べたらまだ幸せなほうだ」と、相対的な見方で安心感を得たい――そんな感情が背景にはあります。

このことは脳科学の分野でも証明されています。たとえば、家族や親しい友人に不幸があったとき、多くの人は「なんとか支えになれないか」と心を配るのですが、相手に対して日頃から劣等感があったり、自分よりも優れているものをもっていて、妬《ねた》ましく思っていたりする相手だと、その人の不幸が蜜の味になると言われています。

芸能人の不祥事に関心が寄せられるのは、芸能人がテレビやドラマの第一線で活躍するなど、多くの人が憧れる人生を生きているからかもしれません。他人とはいえ、充実している人を見て「うらやましい」という気持ちが無意識に生じているため、不祥事でその地位が失われる姿を見て、「この人にも不幸はあるんだな」と安心感を得ている。別の言い方をすると、自分の劣等感を、他人の不幸を見ることでごまかしているのです。

しかし、近年のスキャンダルがこれまでと違うのは、不祥事を起こして危機的状況にある人を見て安心するだけにとどまらず、ＳＮＳを通じて、匿名で誹謗中傷するという行動にエスカレートしていることです。他人からバッシングを受ける気持ちは、想像を絶する苦痛だと思います。誹謗中傷で追い詰められ自ら命を絶つ人もいるなかで、責められる人の気持ちにまで思いが及ばず、さらにおとしめるような行動に出てしまう背景には、深刻な劣等感がはびこっているのではないかと思えてならないのです。

◉待ち受ける末路

芸能人のスキャンダルは、あくまで「他人の不幸は蜜の味」の代表的な例にすぎません。最も注意しなければいけないのは、職場の同僚や知人など、現実の生活のなかで他人の失敗や不幸に関心をもっている人です。

身近にいる人に対してさえも、他人の評価を下げることで、相対的に自己評価を高めたいという心理的な欲求が働いているのは非常に危険です。本人が自覚しているとは限りませんが、このケースでも他人の不幸に関心を寄せることで自分自身が抱える劣等感を一時的に忘れようとしているに過ぎないからです。

あたりまえの話ですが、他人の不幸を見て一時的に劣等感から気を紛らわせられたとしても、自分自身の劣った部分が根本的に解消されるわけではありません。本当に劣っている部分があるならば、克服していくための努力が必要です。ですが、他人の人生や不幸に踊らされているうちは、本質的に変えなければいけない自分自身のことを直視できないため、成長することができなくなります。

そしてこの蜜の味は劇薬で、刺激に慣れてくるともっと強烈な刺激を求めるようになります。すると、いままでは自然と入ってくる情報に踊らされていただけだったのに、コメントで誹謗中傷するがごとく、誰かを失脚させようと画策するなど、次第に行動がエスカレートしていきます。劣等感を克服し、自尊心を高めるために使うべき時間や労力を奪われる悪循環に陥っていくのです。

また、いつも他人の失敗や不幸の情報を触れまわる人に対して、周囲は警戒するようになります。「自分のことも、あることないこと言われるかもしれない……」と思えば、安易に相談事もできなくなります。プライベートだって共有したくなくなり、孤立への道をひた走る末路が待っているのです。

残念ながら、他人の不幸を見て安心感を得るのは、人間がもつ本質的な欲求です。現代のように、拡散力をもったネット上で、他人の不幸に興味関心を寄せる人が増える状況が続けば、人々の欲求に応じてマスコミはスキャンダルを追い求めることになるでしょう。やがて、失敗が許されない、生きづらい世の中を、自分たちでつくっていってしまうのです。

◉仏教的な生き方にスイッチ

そもそも自分とは全く関係のない人の人生に、影響を受けること自体が愚かなことです。しかし、残念ながら人間は、他人の幸せや成功をうらやみ、失敗や不幸を好奇な目で見てしまう生き物なのです。その習性を理解し、上手に付き合っていくことが求められています。お釈迦さまが説かれた、人々を救うための四つの徳目「四摂法《ししょうぼう》」の一つに「同事《どうじ》」があります。これは、「同じはたらきをともにすること」という意味があります。他人の不幸に触れたとき、それをさげすんで自分と比較するのではなく、見方を変え、「自分も同じ状況になるかもしれない」と共感することで自らを省みる機会にする。あるいは、「やむに止まれぬ事情があったのかもしれない」と、痛みや苦しみに共感してみる。このように、とらえ方を変えるだけで他人の人生が自分ごととなり、清らかな自分をつくっていくきっかけにすることができます。

資本主義社会では、あらゆる情報やサービスがお金を生み出すために考えられています。人の不幸すら誰かが儲けるための商品になっている事実を、まずはあなた自身が自覚することから、試みていただきたいと思います。

そして、その情報に踊らされ、自らの低い自尊心を、他人をおとしめることで満たそうとしている愚かさから脱却し、自らを高める時間を取り戻してもらいたいと願います。

Point

他人の不幸を見て得る安心は、自分の役には立たない一過性のもの。自分を変える本質的な努力に時間を使いましょう。

Buddhism

「ありがとう」が言えない

知恩

特徴
Characteristics

誰かに何かをしてもらっても、「ありがとう」と素直に言うことができない。してもらって当然という考えや、お礼を言うことで、貸しをつくるような気がしている。

気遣いをしたくないため、自分よりも弱い立場にある人としか関係を築けない傾向にある。

◉〈不幸まっしぐら〉の原因と背景

「夫が『ありがとう』という言葉を言ってくれないんです」

そんな相談を受けたことがあります。奥さんのやるせない思いが伝わってきました。

たとえば、本を読んでいる夫に対し、奥さんがコーヒーを淹《い》れてそっと差し入れてあげたとする。このちょっとした気遣いに対し、「ありがとう」という言葉が返ってくれば、その場は非常に和やかになるのです。しかし、とくに意識もしていないのか、素直に感謝の言葉を口にすることができないのです。

感謝の気持ちを素直にあらわせないケースは、家族間のような気の置けない関係性、あるいは、上下関係がはっきりしている場合に多いようです。その背景には〝してもらってあたりまえ〟という思いがあるのだと思われます。

時々議論になる話題があります。それは、「お客は店員にお礼を言うべきか」という問題です。「サービスの対価を払っているのだから、客が店員に『ありがとう』と言う必要はない」「いやいや、お金を払っているからといって、客と店員に立場の上下関係があるわけではない。してもらったことにお礼を言わないのはおかしい」「細かいことは気にしていないけど、自然と『ありがとう』と言ってしまう」など、さまざまな意見があがります。

こちらが何かをしてあげたから、何かを返してもらうのは当然である——このような考え方に立っているうちは、感謝の気持ちは生じなくなるでしょう。お客は対価を払っているから商品を受けとる権利があり、店員は商品を買ってくれたお客に感謝を伝える立場にある。これは一見すると正論であり、間違ってはいないようにも思えます。もしかしたら、夫が感謝の言葉を伝えてくれないのは、「妻は夫に尽くして当然である」（現代では時代錯誤的な考えですが）と夫が思っているからかもしれません。

ですが、それが正しいかどうかは別として、私はそこには大きな問題があると思っています。

そもそも、「ありがとう」という言葉の意味を履き違えている点が原因だと思います。日本語における「ありがとう」の語源は「有ることが難い」という意味です。そのことが希有《けう》であるというのが本来の意義なのですが、おそらく多くの人が、英語のサンキューと同義にとらえています。「感謝する」という動詞の「thank」と、「あなたに」を指す目的語の「you」です。つまり、「あなたに感謝します」という意味での「ありがとう」を意味しています。

日本語における「ありがとう」は実はもっと深い意味をもっていて、これは大袈裟にいえば、私たち人間の存在論に関わる言葉なのです。

「人」という字に「間」と書いて人間です。この言葉に示されるように、私たち人間は、他のものや他人との関係性の「間」を生きています。たとえば、自己紹介をしようと思うとき、「私は、福厳寺住職の大愚です」「〇〇の息子の大愚です」など、自分以外の何かとの関係性を明示することで初めて、自分という存在を語れます。

誰一人として、自分一人で存在できる人間はいない。もしも両親が出会わなければ、自分の命はこの世に誕生しなかったでしょう。もしも両親の両親が出会わなかったら……とさかのぼっていくと、たった一つの出会いが変わっていただけでも、いまの自分という存在はなかったかもしれないのです。そんな偶然に偶然が重なって生きている世界において、触れる縁はどれも奇跡的なことであり、まして八十億人近くいる人間のなかから、家族になったり、恋人になったり、あるいは関係性をもつ縁が得られること、それがいかに「有ることが難い」ことであるか、想像できると思います。

関係性のなかを生きている私たちは、自分一人で生きていくことはできません。食べ物として動植物の命をいただき、誰かがつくった道具を利用して調理し、木材を使って職人が造った家で衣食住を満たす。他の人の力を借りなければ、生きていくことはできないのです。この真実を正しく見ることができると、「お金を払ったから感謝しなくてもいいんだ」という考え方が、必ずしも正論ではないことがおわかりいただけるのではないでしょうか。「してもらってあたりまえ」なことなど、何一つないのです。

◉待ち受ける末路

さまざまな人やものとの関係性を生きる私たち人間にとって、「ありがとう」の言葉はコミュニケーションの潤滑油のようなものです。誰だって、人に親切にしたり、施してあげたりしたときには、感謝されたいという欲をもっています。

「してあげたのだから感謝してもらって当然だ」という態度をとることが、非常に横柄であることはご理解いただけると思いますが、せめて一言「ありがとう」と言ってもらえるだけで、気持ちが良い関係性を保つことができます。

反対に、潤滑油である感謝の言葉を伝えられない人は、周りとの関係性がギスギスしていくことになるでしょう。「あの人に協力しても、感謝されることなんてないからな」と、周囲に助けてもらえない人間になっていくのです。最近は店員に横柄な態度をとる男性に不快感を覚える女性も多いようですが、「俺は客だぞ！　金を払っているんだから言うことを聞け」などと勘違いする男性の幼さ、度量の狭さが伝わるのでしょう。これと同じく、会社などで部下や後輩が自分を助けてくれても、さして感謝の態度も示さないばかりか

「別に頼んでない」「あたりまえのことだから」などと憎まれ口を叩こうものなら、頼りにされることもなくなっていきます。たった一言、「ありがとう」と言えないがために、信頼を失い、結果的に大きく損をすることになるのです。

◉仏教的な生き方にスイッチ

では、感謝できる人間になるにはどうしたらいいか。ヒントになる仏教語が「知恩」です。「恩を知る」と書きますが、この教えは感謝することの大切さを説いています。

恩という字は「因」と「心」の二つの字から成り立っています。つまり、「原因」となったものを洞察できる「心」をもつということです。そうして初めて、恩を感じることができるのです。このような観点で物事を見ていくと、たとえ対価としてのお金を支払っているのが自分であったとしても、施してくれる相手がいなければ何かを享受できないことに気がつくことができます。そこまで想像力が働けば、「してもらってあたりまえだ」という傲慢な心ではなく、「していただいて有難い」という恩に変えていくことができるのです。

「うれしい」「楽しい」「美味しい」など、幸福感を感じたときに、それが何によってもたらされたのかを深く洞察することで、自然と「あたりまえではなく、有難いことなんだな」と思える感性が育っていきます。

実はこの「恩」の字は、小学校五年生で習う漢字です。子供のころはあたりまえにできていたことも、大人になるにつれて次第にできなくなっていく。不思議なことです。原因を正しく洞察するどころか、冒頭の例のように自分に、都合の良いように物事を解釈し、横柄になってしまうことさえあります。

周囲のことに感謝ができなくなったときは、不幸に陥っていく黄色信号だと思い、気をつけたいものです。

Point

感謝は幸せを嚙《か》み締める力です。知恩を胸に、目の前の一つひとつに感謝できる自分でありましょう。

column

〝せっかち〟にはご用心

私のところにはよく、家庭をもつお母さんからお悩み相談が寄せられます。あるお母さんは、「私は家族のことを思って一生懸命やっているのですが、家族が協力的じゃないことにイライラしてしまうんです。私の苦労をわかってくれないんですよ！」と訴えておられました。話しているそばから、また怒りが込みあげてきているのがわかりました。

事実、家庭におけるお母さんは大変な役回りをしている場合が多いと思います。男性も家事をすることが増えてきた現代とはいえ、まだまだ家事の中心は女性が多いようです。家族のなかで誰よりも早く起き、自分自身の身支度をして、子供や旦那さんのお弁当を作り、洗濯や掃除などをこなす。朝の限られた時間でやらなければいけないことが山積みなのに、子供や旦那は自分で起きてこないばかりか、身支度もモタモタしていつもぎりぎりに家を出る。先ほどの相談者さんも、だんだんとイライラしてきて、最後には家族にきつく当たってしまう自分をなんとかしたいという相談をして来られました。これはこの方だけでなく、全国の家庭で毎朝起こっていることだろうと思います。ですが、結果的に誰が一番苦しんでいるかといえば、お母さん本人なのです。

家庭での事例に限らず、せっかちな人ほど、自分の理想像をもっています。生真面目で「こうありたい」という高い理想があると、あれもこれもと手を出したり、他人にも理想どおりの行動を押しつけたりしてしまう。自分の思いどおりに物事を運びたいという思いが強ければ強いほど、「これもできていない」「あれもできていない」と焦りが生じてきて、心はいつも落ち着かないのです。

思いどおりにいかずにイライラが募ってくると、どこかで爆発してしまいます。子供を叱ってしまったり、旦那さんや他人を責めたりする。すると、スッキリするどころか、他人を責めてしまった自分の不甲斐なさに、今度は自らを責めてしまうのです。そうした状況が続けば、疲れもたまり、心が落ち着かない状況に拍車をかけることになります。

人間は余裕がない状況では失敗を招きます。いつもなら気にもとめないようなことでカリカリして周囲と衝突したり、散漫になる気持ちに気をとられてミスをしたりする。そんな自分に嫌気が差してまた落ち込む……この悪循環に陥っていき、自分で自分を追い立ててしまうストレスフルな生活を送ることになりかねないのです。

禅語に「寡欲則心自安」（かよくなればすなわちこころおのずからやすらかなり）があ

ります。「寡」は少ないという意味で、つまり、「欲が少なければ自ずと心は安らかになる」ということです。

ここでいう「欲」は「思いの強さ」ととらえるといいでしょう。「欲」というと金銭欲とか物欲などを思い浮かべ「私はそんなに欲深くない」とおっしゃる方もいますが、親が子供を育てるうえにおいても、「思いどおりにしたい」という強い思いがあるなら、それもまた「欲」なのです。

ですから、この強い思いを捨ててしまい、「思いどおりにならないことがあたりまえ」くらいに思って、心安らかにいられることを優先してみるといいでしょう。「子供のため、旦那のためと思っているが、実は自分が思いどおりに人を動かしたいだけではないだろうか」と自らを観察することも必要です。

喧々《けんけん》とした態度の親に、子供は聞く耳をもたないですし、たとえ正論や強い口調でもって言うことを聞かせられたとしても、反動が必ずどこかで来ると思っていたほうがいいと思います。

最後に、ここでは卑近な例として母親を事例にあげましたが、これは当然、上司でも、旦那さんでも、誰の立場にもあてはまることを断っておきたいと思います。

第二章

決まりごとが守れない人

Buddhism

Buddhism

ルールを守れない

戒律

特徴
Characteristics

「自分一人くらい守らなくても問題ない」「きっとみんなやっていること」という勝手な思いこみから、ルールを守ろうとしない。「刑事罰になるような罪は犯さない」という自覚があり、他人の迷惑を省みない傍若無人な振るまいをしても罪悪感すらない場合も。

◉〈不幸まっしぐら〉の原因と背景

世の中にはさまざまなルールがあります。憲法をはじめとする法律、組織の規約から就業規則、チーム内での取り決めや家庭のルールまで、生活する場所や所属するコミュニティにおいて定められたルールです。明文化されたものもあれば、不文律のものもあります。ルールは、遵守されてこそ意味をなすものですが、守らない人が案外多くいることに驚きます。たとえば屋外の喫煙所で、喫煙ブースの外に立ってタバコを吸っている人。あと何歩か内側に入ればいいのにと思いますが、おそらく自分の服には臭いを着けたくないといった理由からの行動でしょう。あるいは週末の夜などは、電車のなかで大声で電話をする人もいるので驚きます。

ルールを守らない人のなかにも一定のモラルはあり、「犯罪になるような法は犯していない」と考えているようです。ですが、努力義務など、罰則のない形式的な取り決めのように、守らなくても誰にも咎《とが》められないルールに対しては、「これぐらい守らなくたって問題ないだろう」と安易に考えているのです。

ルールを守らない人は、総じて自己中心的な考え方で生きている人です。縛られることが嫌いで、自分だけが自由であればいいと思っている節もあります。厳しい言い方をすれば、思春期の子供のような考え方です。ひとえに、〝幼さ〟が原因だと考えていいでしょう。

あるいは、集団に所属する者同士の共同の利益や、調和することの大切さを理解していない「無知」も背景にあります。なぜ調和できないかといえば、なんのためにルールが定まっているのかを、そもそも理解できていないからです。

◉待ち受ける末路

ルールとはなんのために定められるのでしょうか。多くの場合、組織、またはその構成員が集団の秩序を保ちながら、目的・目標の達成を目指し、同じ方向に向かっていくうえで円滑に物事が進められるよう設計されています。価値基準が違う多様な人が入り混じる、大小さまざまなコミュニティにおいては、一定の基準があったほうが集団にとって有益なため、ルールはつくられています。

交通ルールについて考えてみましょう。先進国である日本では交通量が多い場所には信号機があったり、歩行者や自転車、あるいは車の専用道を設けたりするなど、交通渋滞や事故が起こらないような仕組みがルール化されています。事故が起こるとき、そこには飲酒運転や信号無視、一時停止の見落としなど、ルールを破る人の存在が必ずあるのです。

交通ルールが人や車の移動を安全かつ円滑に進むよう定められているにもかかわらず、「早く目的地に到着したかった」「誰もいないから信号を守らなくても大丈夫だと思った」など、自己中心的な行動をする人がいると、事故へと発展します。世の中、ルールを破る人は万事、身勝手な考えからルールを守らず、問題を引き起こしているのです。

みんなが「自分一人くらい守らなくても平気だろう」と思えば、あらゆるところで衝突が起き、混乱が生じることになるのは必然なのです。

そうして身勝手な人が増えることで、集団や組織の結束力は大きく弱まることになります。「ルールを破っている人間はちゃんと取り締まるべきだ。守っているほうが馬鹿を見るなんておかしい」と、必ず不平不満からの対立が生じるからです。

◉仏教的な生き方にスイッチ

仏教にも「戒律」というルールがあります。「戒」は仏教に帰依した者が自発的に自らに課して守るべき個人ルール、「律」は集団の秩序を保つために、釈尊教団に帰依しているサンガと呼ばれる集団が他律的に守るルールです。仏教にあまりご縁のない方のなかには「守らなければ罰が与えられる厳しいもの」として「戒律」があるように考える方もいらっしゃいますが、「戒」は守れなかったとしても罰則はなく、一方の「律」には、場合によっては教団追放という厳しい罰則があるなど、明確に分けられています。

大事なのは、なぜお釈迦さまが戒律を定められたかということです。それは、人間が本能に流されやすい弱い生き物であり、「戒」がなければ自堕落になりやすく、「律」がなければ、他の修行者に悪影響を及ぼす問題行動を起こしやすいと考えられたからです。

ルールというと、自分を縛るもののように思えます。しかし、「戒」が自らの心を清らかに保ちながら、すみやかに悟りに至るために役立つものであり、「律」がともに修行する集団の調和を図るうえで不可欠なものであるように、社会にあるさまざまな規則もまた、集団にとって重要なものであると理解する必要があります。すると、「自分一人が守らなくても問題ないだろう」という発想を改めることができると思います。

集団の規則には罰則がありますから、守らない人は取り締まられることになるでしょう。

では、個人は何を心がければいいのか。

仏教には「戒定慧《かいじょうえ》」という教えがあります。これは一文字ずつ順番になっていて、自分に課すルールを守ること（「戒」）で、心の平安が得られ（「定」）、真実を悟ること（「慧」）に通じるという教えです。まずは「戒」を守ることから悟りへの道程が始まるのです。

世の中で成功している人を見てみると、皆さんマイルールをもっています。アップルの創業者であるスティーブ・ジョブズは、黒のタートルネックにジーンズ、足下はスニーカーといった決まったスタイルを貫くことで「服を選ぶ」という選択の機会を減らし、仕事における意思決定に集中するマイルールをもっていたり、私の知り合いの事業家は「早朝から午前中までしか仕事はしない」というルールを守って、成功しておられます。

ですから、集団のルールに従うことを前提に、自分なりの「戒」をつくるといいと思います。それを守っていくことに集中すると、注意力が散漫になることを防げ、物事を成就したり、成功したりする可能性が高まるからです。マイルールはどんな小さなものでもいいので、一つ始めることから心がけてみましょう。

Point

ルールとは、何かを縛るものではありません。自分と自分が所属する集団を守るためにあるものです。守ることで自らが救われるものだと思いましょう。

Buddhism

お酒がやめられない

不飲酒戒

特徴 Characteristics

お酒を飲むことが人生における最大の楽しみであり、欠かせないものだと思っている。しかし、お酒を飲んで気分が大きくなり、失言を繰り返すことも。ストレスがたまると、またお酒に手を伸ばす。自制できない危険な飲み方がやめられず、お酒の深みにはまっていく……。

◉〈不幸まっしぐら〉の原因と背景

お酒は社会における快楽の道具の一つです。みんなで一つのことを成し遂げたあとの打ち上げや、お祝い事のときにも振るまわれ、楽しいお酒もあります。しかし一方で、心配事や考えたくない嫌なことがあるとき、お酒を飲むことで忘れようとしたり、自暴自棄になってやけ酒をしたりする人も少なくありません。

お酒を飲むことが常習になっている人もいます。電車のなかで申し訳なさげにハンカチに包んだビール缶を飲んでいる人も見かけます。お酒をあまり飲まない人からすれば「そこまでして、どうしてもいま飲みたいのか」と思うかもしれませんが、お酒を飲んで酔っぱらっているあいだ、一時的に悩みから離れることができるなど、手放せなくなる要因があるのです。

ストレス社会といわれる現代ではとくに、このお酒との付き合い方を考えたほうがいいように思います。

アルコールを含むお酒には、脳の判断機能を鈍らせる働きがあります。脳が麻痺し、正常ではない状態になることで、心配事や悩み事から注意をそらすことができるのです。

一方で、強い依存性ももっています。人にはそれぞれアルコールを体内で分解できる許容量があるわけですが、お酒には「もっと、もっと」と渇望させる依存性があり、自ら制御しないと、酔い潰れるまで飲み続けてしまう怖い物でもあるのです。

ストレスを発散し、自分の気持ちをコントロールするためにお酒を飲んでいるはずが、判断力が鈍り気持ちが大きくなると、渇望感からもっとお酒を求めるようになり、逆にお酒にコントロールされてしまう。いわゆる「お酒に飲まれている」状態ですが、一人だけで飲んでいるならまだいいものの、一緒に飲んでいる人に暴言を吐いて迷惑をかける、といったトラブルにも発展するから気をつけたいものです。

残念なことに、記憶を無くしたり、我を忘れるほどお酒を飲んだりしてしまう人も決して少なくありません。本来お酒は、適度に気分を高揚させ、楽しい時間を過ごせるものですが、どうして飲み過ぎてしまうのでしょうか。それは現実世界でのストレスや悩みから逃れるために、アルコールが役立つ、あるいは不可欠なものだと誤解していることが原因だと思っています。

◉待ち受ける末路

行き着くところは、アルコール依存症です。お酒がもつ強烈な渇望感を制御することができなくなり、お金と時間を奪われ、健康な体はむしばまれ、仕事にも影響が生じます。やがて家庭不和を起こし、家族さえ失ってしまう人を、何人も見てきました。

依存症にならないまでも、お酒で失うものは多くあります。お酒を飲みたい一心から仕事を先送りにしたり、飲んだ次の日は二日酔いで本調子になれず、午前中は仕事がはかどらなかったり、飲み会の出費でいつも金欠状態、なんてことはないでしょうか。

お酒を飲んで正常な判断ができなくなり、恥ずかしい経験や悪事を犯してしまった苦い思い出をもつ人も少なくないと思います。理性的な判断ができずに浮気や不倫に走ってしまうなど、取り返しのつかない事態を招くことにもなりかねません。どんなに聡明な人でも、たった一回、お酒で我を失って起こした行動で、人生を棒に振ってしまうこともある。それほど怖いものがお酒なのです。

「自分はそこまで落ちぶれることはないから大丈夫」と思う方もいるでしょうが、ささいなきっかけが依存症への入り口になることもあるのです。私自身も大学生のころ、お酒の依存性の強さを体験したことがありました。

学生時代から始めた空手の試合の前に、興奮と緊張で眠れなくなったことがありました。「明日の試合に響くから早く眠らないと」。そう思えば思うほど、目は冴《さ》えていきました。「お酒を飲めば眠れるかもしれない」と思った私は、当時ルームシェアをしていた友人がもっていたお酒を拝借し飲んでみたのですが、強いお酒だったようで、焼けるように体が熱くなりました。頭痛と気持ち悪さから横になると自然と眠りにつき、気がついたら朝を迎えていました。「何も考えずに気持ちよく眠れた」と味をしめ、それからしばらく同じような飲み方を繰り返してしまいました。見かねた友人が、「そういう飲み方が依存症につながる一番危険な飲み方だよ」と忠告してくれたのでやめることができましたが、好きでお酒を飲んでいるわけではなかった自分が、まさか依存症の入り口に立っていたことなど知るよしもなかったのです。お酒を欲する気持ちと行動は、本人の自覚とは関係なしに働くため、いまは大丈夫だと思っている人でも注意が必要なのです。

◉仏教的な生き方にスイッチ

仏教には「不飲酒戒《ふおんじゅかい》」という、お酒を禁じる戒があります。二千五百年以上も前のお釈迦さまがご在世のインドにおいて、なぜお酒を禁じる教えがあったのか。それは、お酒を飲むことで正常な判断力が鈍れば、修行者としてふさわしくない行動をしでかし、悟りを得る妨げになると考えられていたからです。人間が自分自身の感情を理解し、正しく判断して行動することは、本来非常に高度な思考能力を要するものだと考えられていたと思われます。不必要に生じる「苦」から修行僧を守るため、「不飲酒戒」が定められたのではないかと思うのです。

社会活動を営んでいくうえでは、お酒をまったく飲まないで過ごすことは難しいでしょう。たとえば「三杯までしか飲まない」「途中で必ず水を飲む」「空腹で飲み始めない」など、マイルールをもつことはできます。

マイルールであっても、守っていくには忍耐力が必要です。と同時に、人から与えられる義務ではないからこそ、守り続けることで自制心が育まれます。戒を意識するたびに、お酒に逃げようとする自分や、お酒の怖さそのものを直視し、自分自身の感情と向き合うように心がけてみてはいかがでしょうか。

Point

「自分は大丈夫」が一番危険。お酒の怖さを正しく知り、正しく付き合う心がけを。

Buddhism

自分の非を認められない

懺悔

特徴 Characteristics

ミスをする人間だと思われたくない一心から、非を素直に認めることができない。

大きなミスは別の誰かに責任を転嫁し、小さなミスはバレないように小細工したり、言い訳を並べたりして上手く取り繕うことで、その場を乗り切ろうとする。

◉〈不幸まっしぐら〉の原因と背景

約束を守ることができなかったり、仕事でミスをしたりしたとき、自分の非を認めずにごまかしたり、言い訳をしたりする人がいます。素直に一言「ごめんなさい」と言えれば済むことも多いのですが、かたくなに謝ろうとしない人です。

どんな人間も、必ずミスをしますし、他人に迷惑をかけてしまうものです。お互いの未熟さを補いあって社会は成り立っているのですが、「ごめんなさい」と言えない人はこの事実が理解できていないのです。

だからこそ、「こんなミスをするような人間だと思われたくない」というプライドの高さが災いして、取り繕ったり、「攻められるのが怖い」「叱られたくない」「失望されたくない」という防衛本能が働き、「そもそもこの仕事そのものが……」と言い出したりして、他人に責任を転嫁するような行動をとってしまうのです。

そこには、信用を失いたくないという隠れた心理も働いているのでしょう。人間が集団社会を生き抜くうえにおいては、信用されることは非常に重要です。その重要性がわかっているからこそ、とっさに自分を守るような行動に走ってしまうのであり、それはある種の人間の習性でもあるため、これ自体に善悪はないと思っています。

昔から日本の村落では、村にある掟《おきて》を破った家に対し、他の家が結束してその家と絶交する「村八分」という風習がありました。いまでも地方では残っている風習だと思いますが、共助共存で生活が成り立っている共同体のなかで、この村八分にあった家は、生活することが困難になります。たとえ不本意なミスや失敗であったとしても、信用が傷つくことが生きていくことに直結する状況においては、致命的なことになりかねません。ですから、掟を必死に守るか、あるいは過失を隠すというのは、自然な行動だと思います。

そのため、多くの人が日々他人の信用を得ようと努力し、失わないよう気をつけているのではないでしょうか。実際には村八分のような徹底した絶交はないとしても、日常生活において周囲の信用を失えば、人生を生きていくうえで不都合が生じてくるからです。

◉待ち受ける末路

そこで、人は必死に自分を取り繕おうと努力するわけですが、自分の非を認められない人には大きな勘違いがあると思っています。それは、「ミスをする人」よりも、「ミスを認めず隠す人」のほうが、信用されないという事実です。人間は、後ろめたいことがあると態度や行動にあらわれるものです。後ろ暗いことや隠し事は、周りもなんとなく勘づきます。すると、「あの人はミスをごまかす人だ」というレッテルを貼られ、信用を失うことになるのです。むしろ、たとえ小さなミスであったとしても、「申し訳ありませんでした。私のミスです」と謝れる人は、「どんな立場になっても、この人は正直に物事に向き合う人だな」と思われ、かえって信用されるものなのです。

最近は少なくなった印象ですが、企業による大きな不祥事が起こるとき、もとをたどってみると、現場にいるたった一人の社員の〝小さな過失の隠蔽《いんぺい》〟が原因である場合も少なくありませんでした。種火のうちに鎮火できていれば、事なきを得ていたはずが、知らぬ間に大火事になってしまうことも珍しくありません。大ごとになってしまってからでは後の祭り。信用の失墜は免れないでしょう。責任を誰かに転嫁し、あとになって真実があきらかになった場合も、やはり大きく信用を失う末路が待っています。

また、近年は夫の定年退職を機に離婚をする〝熟年離婚〟も多いようです。原因はさまざまあるものの、「ありがとう」や「ごめん」という言葉が言えない配偶者にストレスを感じていて、夫婦で過ごす時間が増える定年後に別れを決意する人もいるそうですから、気がついた時から改める努力をしたほうがいいと思われます。

◉仏教的な生き方にスイッチ

いままで素直に非を認められなかった人にとって、明日から急に自分を変えることは難しいかもしれません。そもそも自分のミスを認めることは勇気がいる行為でもあります。そこでお勧めしたいのが、仏教が説く「懺悔《さんげ》」です。

「懺悔」とは、僧侶が自分の行ないを反省し、仏や教団の仲間に打ち明けることです。ポイントは、自らの失敗や過失を、自分の責任として受け止めることにあります。そして、二度と同じ失敗を起こさないよう誓いを立て、反省して改めるのです。

自分自身で、ミスが起こった原因を丁寧に点検していくと、無意識に他人のせいにしたり、言い訳をしていたりした自分の愚かさに気がつけるようになります。〝原因は自分にある〟と謙虚に受け止めることができると、周囲にも迷惑をかけたことに思いが至り、穏やかな心で謝罪ができるようになるのです。

いまや世界に名だたる京セラの創業者であり、日本航空（ＪＡＬ）の再建にも尽力された稲盛和夫さんは、自分の言動に誤りがあったと気づくと、「神さま、ごめん」と実際に声に出して懺悔されていたそうです。立場に関係なく、一人の人間として常に謙虚さと素直さを忘れなかった偉大な方だと思います。

非を認められない人も、実はどこかで「自分の能力不足を、他人や環境のせいにしているのかもしれない」と気がついているのです。懺悔を通じて心の余裕を取り戻すことで、自分の本心に向き合う機会をもつことを試してみてもらいたいと思います。

いつしか手に負えないほどに問題が膨らみ、取り返しがつかない事態になる前に、考え方を改める習慣をつけることをお勧めします。

Point

懺悔することで、素直な自分でありつづける努力をしましょう。隠したりごまかしたりすることで、得することは何もありません。

Buddhism

不満を垂れ流す

智慧

特徴 Characteristics

気がつくと誰かの愚痴や、現状に対する不平不満が口をついてしまう。周りが飽き飽きしていることに気づかず、愚痴がヒートアップしていくことも。さらにエスカレートすると、ささいな他人の言動につっこみどころを探し始め、愚痴を言うことで他人の関心を得ようとしだす。

◉〈不幸まっしぐら〉の原因と背景

「職場の上司が全然役に立たなくて腹が立っちゃう」「なんであの人ってあんなに仕事ができないのかしら」――。こうした会話は、きっと日本中、いえ世界中で、この瞬間にも交わされているでしょう。

愚痴を言って盛り上がるのは、人が集まる場所の常です。決して褒められたやり方ではありませんが、日頃の憂さ晴らしや会話のネタになることも事実ですから、これ自体を否定することはできません。

不満は、漢字が示すとおり「満たされていない」心から生じます。理想とする状態があって、それが現実と乖離しているところに、不満が生じているのです。

冒頭の不満を例にとれば、それぞれの言葉の後ろに次のような本音が隠れているのかもしれません。「……私の思うとおりにやりたいのに、上司が理解してくれないのよ」「……私だったらあんなヘマはしないのに、余計な仕事が増えてイライラする」。

自分自身が理想的であると思う状態をものさしに他人を測るから、愚痴や不満が生まれるのです。

もちろん、これは誰にでもあることです。しかし多くの人は、「どうにもならないことに愚痴を言っていても仕方がない」「みんな一つや二つ、不満をもっていて、我慢して生きている」と考えたり、あるいは愚痴や不満を言い続けることが周囲にどんな印象を与えるかを考えたりして、感情に折り合いをつけているのでしょう。

一方、不満を垂れ流す人には、自分だけが不遇であるかのように思ってしまう未熟さがあります。「どうして私ばっかり」という被害者意識が生まれているわけですが、その最大の原因は「全体像が見えていない」ことにあります。

つまり、物事を大局的に眺められないがゆえに、目の前に起こってくる事象でもって物事の良し悪しを判断する短絡的なものさしをもち、しかも、その基準が〝自分中心〟の狭いものであるため、不満が生じやすくなるのです。

人間は常に欲望が尽きない生き物であり、現状に満足しきることはありません。だからこそ、不満が生まれるのはやむを得ないわけですが、それをいつも垂れ流してしまうのは、自分の理想を相手にも理解してもらいたいという思いから生まれてきます。とりわけ、他人にも自分の理想を押し付けてしまう完璧主義な人が陥りやすいものなのです。

◉待ち受ける末路

愚痴や不満を言っている本人は、鬱積《うっせき》した感情を吐き出すため一時的にスッキリした気持ちになるでしょう。しかし、聞いている方は必ずしも同じ気持ちとは限りません。不満を口にしながら、自分が考える理想を遠回しに伝えている意図が汲み取れたり、誰かを非難するような発言を繰り返し聞いたりしていると、次第に嫌悪感を覚えます。完璧な人間はいませんから、「私もそんなにできているわけじゃないな」と自分が指摘されているような気持ちになったり、「じゃああなたはどれだけ立派なんだ」と訊《き》き返したりしたい思いを抱くかもしれません。

困ったことに、不満ばかり言っている人の近くにいると、ただ聞いているだけの人たちも、不満を言っているグループの一員に見られてしまいます。ですから、いつも愚痴や不満をこぼす人の周りには人が寄りつかなくなり、孤独への末路が待っているのです。

もう一つ、愚痴や不満をこぼす人に待ち受ける末路として、自分自身が毒されていくことがあげられます。人間は自分自身が発した声も、自分の耳で聞いています。いつも愚痴や不満を言っていると、気持ちがスッキリしているように思えて、実は誰よりも不満や愚痴を聞かされる存在になってしまうのです。愚痴を言うことで一時的な快感を得ながら、知らずしらずのうちに不快感も味わっている。こんなに愚かなことはないでしょう。

愚痴を言う快感に取りつかれると、他人の言動の粗探しをするようになってしまいますから、今すぐにでも改めたほうがいいと思います。

◉仏教的な生き方にスイッチ

不満を垂れ流す人に必要なのは「智慧《ちえ》」のある見方です。知恵ではなく智慧。仏教でいう、物事をありのままに見る力のことを指します。仏教では、「智」は「物事の平等相を見る力」、「慧」は「物事の差別相を見る力」、つまり、違いを見いだすことだと教えられています。すなわち、自分と他のものとの間に、共通する点と違いをそれぞれ見いだすことが、智慧の見方であると言えます。不満は、「自分の考え方は正しく、相手は間違っている」という偏った見方から生じるわけですから、智慧をもって正しく物事を見られれば、生じなくなるのです。

理屈ではそうなのですが、実際にはいらだち、不満を抱えた状態の心では、理性的に物事を考えることは容易ではありません。そこで、具体的にどうすればいいかといえば、相手の立場に立って現状を客観視してみるのです。

たとえば、互いに反目する営業部門と製造部門があるとします。営業側は、「製造部は顧客の要望どおりに製品を作らない。こちらの言い分どおりに作ればいいんだ」と思っている。反対に製造側は「営業部はこっちの苦労も知らないで、無茶な注文ばかりとってくる。これだから技術に疎い人間は……」と思っているかもしれません。これでは、自分たちの主張をお互いに言い合って、相手を非難しているだけです。

しかし、部署の垣根を越えて達成しなければいけないことは、お客さんに良い製品を届け、喜んでもらうことでしょう。ここがお互いの共通項になるはずです。

最近では営業に技術者が同行することもあると聞きますが、それぞれの立場に立ったとき、物事の見え方が大きく変わり、相手の言い分も理解しやすくなるでしょう。「こんな炎天下に、営業は受注をとるために走り回っていたのか」「要望を叶えるためにはこんなに難しい課題を技術部門ではクリアしないといけないのか」と互いの苦労を感じ取れるかもしれません。すると、不満に思う気持ちではなく、むしろ相手を理解して「なんとか力になれないか」と思えてくるのが人情です。

まずは「不満をもっている自分」に気づき、不満を抱える対象となっている相手の立場を想像してみることから始めるといいでしょう。

それでも、不満が生じてどうしようもない心境になることもあります。精神衛生上よくありませんから、そんなときは無理にため込むことはせず、あなたのよき理解者がいれば聞いてもらえばいいのです。もし、「話を聞いてもらえる友達や理解者が自分にはいない」という人は、仏さまに聞いてもらうことをお勧めします。

家に仏壇がある人は家で、ない人は心のなかで仏さまを思い浮かべてみてください。できれば声に出してお伝えするとより良いのですが、ご家族がいて難しいということでしたら、心のなかで愚痴や不満を思い浮かべるだけでも構いません。愚痴を聞かされたからといって、仏さまはあなたに罰を与えたりしませんから、安心して吐き出してください。

話しているうちに、自分が何に不満を感じているのかがあきらかになり、自分の至らなかった点も見えてくるようになります。そうして冷静さを取り戻すことができると、不満を拭うためにどうしたらいいかの答えが、おのずと心に浮かびあがってくるのです。

自分の言い分が絶対的に正しいものだと過信したとき、不幸への入り口が待っていると思い、実践してみてください。

Point

自分で自分を毒するのはやめましょう。不平不満を感じたら、相手の立場に立つ智慧の見方を心がけてください。

Buddhism

浮気・不倫がやめられない

不邪婬戒

特徴 Characteristics

交際相手や配偶者がいても、好みの異性があらわれると運命を感じ、アピールする浮気者。

いけないとわかっていながらもパートナーとの不仲やストレスを言い訳に、自制できず行動してしまうこともある。最後には、大切な人を傷つけてしまうことも多い。

◉〈不幸まっしぐら〉の原因と背景

男と女の関係というものは美しくもあり、時に危険をはらんだものです。危険な情事ほど人は快楽を感じるようで、なんとも悲しい習性に思います。それゆえに、いつの時代も男女の関係は絶えることなく、トラブルもなくならないのです。

人間の祖先が生まれた原始時代から連綿と連なる命の最先端にいるのが、いまを生きている私たちの存在です。異性を求める気持ちは生き物の本能であり、その本能が受け継がれてきているからこそ、私たちはいまここに存在しているといえます。

現代でも話題が絶えない不倫など、性にまつわるあらゆることが、大昔にも変わらずあったのだろうと思います。

人類の成長過程を見ると、人間は差し迫った危機が生じると、子孫繁栄のために性行為を求めるようです。生きるか死ぬかの危険に身をさらされる毎日のなかで、人間は一人でも多くの子孫を残し、自分の血筋を絶やさず生き残る確率を高めようとするからです。

では、差し迫った命の危険が日常的にあるわけではない現代人には無縁な話かといえば、そうではありません。複雑化した社会では、家庭や職場において、自らの優位性を築くために激しい競争が至るところで繰り広げられています。生存競争が「出世競争」などに形を変えただけで、自らが生き抜くためのさまざまなストレスが、性の欲求を助長している原因の一つでもあると考えられるのではないでしょうか。

もちろんそうした生物的な理由だけでなく、単純に快楽を得ることによって効率的な現実逃避の手段としている場合もあるといえます。

◉待ち受ける末路

浮気や不倫など、不純な動機で異性を求めることは人生を大きく狂わせることにつながります。スキャンダルを取り上げられている芸能人たちの浮気や不倫の末路を見ればあきらかです。お互いに惹かれあっていたはずが、ひとたび状況が変われば、一方の強烈な嫉妬によって愛が憎しみに変わり、関係性を暴露されたり、何かのきっかけで不貞行為が明るみにでたりすることで、家庭崩壊や社会的な信用を失うなど、地獄のような展開が待っていることも珍しくありません。

また、一時的な快楽による現実逃避を得ようと風俗やキャバクラに通いつめ、人生をめちゃくちゃにしてしまう人も残念ながらあとを絶ちません。金銭を支払うことで性的な快楽を得るという関係性も、一方が相手に感情移入していくことで嫉妬を生じさせ、相手を独占したいという欲に発展してトラブルが生じる。あるいは、お金を払って欲を満たす自分の行ないに、惨めさを感じるようになるなど、さまざまな苦しみを生じさせるのが性欲の恐ろしいところです。

「性欲に負けて異性に溺れてはいけない」と頭でわかっていても、仕事がうまくいかなかったり、夫婦間が不仲だったりと、ストレスを募らせたときに魔が差し、欲望に負けてしまうのが人間の愚かさです。こうして一度でも道を踏みはずすと、簡単には戻れなくなります。味わった快楽から抜け出せず、大きな代償を払うことになるだけでなく、大切な人を傷つけてしまったことへの憂いを抱えて生きていかなければならない苦しい末路が待っているのです。

◉仏教的な生き方にスイッチ

仏教では「不邪婬戒《ふじゃいんかい》」という戒で、異性との道ならぬ関係を戒めています。これまでにも登場した「不飲酒戒《ふおんじゅ》（お酒を飲んではいけない）」をはじめ、「不妄語戒《ふもうご》（嘘をついてはいけない）」「不偸盗戒《ふちゅうとう》（盗んではいけない）」「不殺生戒《ふせっしょう》（生き物を殺してはいけない）」と共に、「五戒」の一つとして戒められています。

「不邪婬戒」では、仏教の在家信者に対しては、夫婦関係にある異性以外との性交渉などを禁じています。わざわざ戒としているのは、意識的に欲望を制御する努力が必要なほど、性欲が強烈な欲望であるということです。そして、さきの例にあげたように、さまざまなトラブルに発展する可能性が高く、自分自身の貴重な時間やエネルギーを費やすことになるため、お釈迦さまが戒められたと受けとるのが自然ではないかと思います。

そうした性の欲望と正しく向き合うために必要なこと。それは、「誠の愛を育むこと」だと思っています。「不邪婬戒」で戒められているのは、あくまで夫婦以外の異性と関係をもつことであって、夫婦間の愛を育むことは何も問題ないのです。「愛する人と一緒にいたい」「愛する人との子供を授かり、幸せな家庭を築きたい」という願いのうえに生じる欲は、大いに満たしていいものだと思います。

こうした欲を、私は「志欲」と呼んでいます。この志欲をもって愛を育むことが重要なのは、人間は愛に満たされているときに、他の欲に惑わされにくいということにあります。目の前に、本当に大事にしたい人がいれば、他の異性に目移りすることがないのです。

もしも自分には配偶者がおらず、配偶者がいる相手と不倫関係にある人は、誠の愛を育める相手を探すべきだと思います。たとえ、略奪愛が実ったとしても、残念ながらその先に幸せはないと思います。

可能な限り、欲を誘発する環境から身を遠ざけることも大切です。すると、魔が差しそうなときに、自分の行動に一歩ブレーキをかけることができます。浮気や不倫がバレたら交際相手や配偶者を悲しませることになり、多額の慰謝料を請求されたあげく、一人になってしまうかもしれないなど、性の欲を満たすことの代償を想像してみることも有効ですから、自分なりの欲望との付き合い方を見つけてみることをお勧めします。

Point

性の欲は人間が本能的にもつ強烈な欲望です。欲の正体を正しく観察し、いかに制御するかが重要です。

column

悪口は禍の元、愛語は幸いの元

たった一言の悪口から、思いがけず一生の恨みを買ってしまった――。そんな出来事に遭遇した相談者がいました。あるとき、その方の家に一通の手紙が届きました。封を切ってなかを見ると、そこには「お前を許さない」と一言だけ書かれたメモが入っていました。送り主は、相談者と同じ会社の元社員で、退職されてからしばらくして、その手紙が届いたそうです。

初めは、本人には思い当たる節がなかったようですが、よくよく振り返ってみると、たった一度だけ会社の仲間うちで話しているときに、その方の悪口を話してしまったといいます。陰口が、まわりまわって本人の耳に届いたのでしょう。

送り主は、相談者をとても慕っていた方だったそうです。慕っていた人からの陰口を耳にしたことで大変ショックを受けられたのでしょう。やがてショックは怒りに変わり、退職されてからも収まることがなかったのではないかと思います。たった一言の悪口が、人づてに伝わり、「お前を許さない」と言わしめるまでの恨みを買ってしまうことがある……この恐ろしさを私たちは自覚すべきでしょう。

ですが、逆もまたしかりだということを、日本における曹洞宗の開祖・道元禅師が示しておられます。それは、「愛語《あいご》よく回天《かいてん》のちからあることを、学《がく》すべきなり」という言葉です。

道元禅師は、著作『正法眼蔵《しょうぼうげんぞう》』のなかで、人々をさまざまな苦から救済するための行ないとして「布施」「愛語」「利行」「同事」の「四摂法《ししょうぼう》」を説かれています。「愛語」とは、相手を思いやる愛情をもった言葉のことで、その愛語には回天の力、すなわち「天と地をひっくり返してしまう」ような力があることを心得よ、と教えられているのです。

天地をひっくり返す力とはどんな力かというと、「怨敵《おんてき》を降伏《ごうぶく》し、君子を和睦《わぼく》ならしむること、愛語を根本とするなり」と書かれています。つまりは、恨みに思う敵を降伏させて、戦争をしている君子や国のリーダーたちを和睦させることができるというのです。これは大きな世界での話ですが、私たちが生きる日常においても、この愛語を活用するポイントを道元禅師は教えてくださっています。

それは、「赤ん坊を懐に抱くように接しなさい」ということです。

人間、あるいは動物の赤ちゃんを見たとき、多くの人が思わず「可愛い」と言って、慈しみの感情を抱くことと思います。無垢で純粋な赤ちゃんを見て、ついあやしてあげたくなるような優しい心持ちで、目の前の相手と接しなさいということを、道元禅師は説いておられます。つまり、赤ん坊を抱いているときの接し方で、他の人と接することができれば、そのとき発する言葉が、すなわち愛語になるということです。

愛語の使い方も説かれています。まずは、「相手に徳があればそれは褒めなさい。徳がなければ、かわいそうだなと思って憐れみなさい」とあります。

そして最も大事なこととして、最後に「むかいて愛語をきくは、おもてをよろこばしめ、こころをたのしくす。むかはずして愛語をきくは、肝《きも》に銘《めい》じ、魂《たましい》に銘ず」と説かれています。直接、愛語を聞くことも喜びを生みますが、まわりまわって、人づてに自分が愛語を受けとったとき、その言葉はその人の魂に刻まれるというのです。

赤ちゃんを懐に抱くような気持ちで話し、しかも、それを相手のいないところで使うのが究極の愛語の使い方だということです。日常における私たちはどうかと言えば、面と向かって憎まれ口を叩き、人のいないところで陰口を叩いてしまう愚を犯しています。もしも、手紙の送り主が人づてに聞いた言葉が、陰口ではなく愛語だったならば、結果は大きく変わっていたことだろうと思います。

第三章

利己的で欲深い人

Buddhism

Buddhism

損得勘定が捨てられない

急で悪いけど来週までに企画一本お願いできる？

忘己利他

特徴

Characteristics

物事の価値判断が「得するか」「損しないか」の二択。頼まれ事があると、「このお願いを聞いたら、あとでどんなお礼がもらえるかな」と頭のなかで瞬時に損得勘定を働かせる。

人に何かを与えるのは「損」で、誰かに何かをもらうのは「得」だと思っている。

◉〈不幸まっしぐら〉の原因と背景

誰だって、得することこそ望めど、損はしたくないと思うものです。「損得勘定」というと、「私はそんなに欲深くない」と感じる人もいるかもしれませんが、実は多くの人が日々の生活のなかで、損得勘定を働かせて生きています。

現代社会では、衣食住に関わることだけでなく、あらゆることがビジネスとして存在しています。企業は商品やサービスの提供を通じて、利用者からお金を得ようとし、欲を刺激して購買につながるような宣伝文句を考えることに必死です。消費者はというと、「こっちの商品のほうが得だろうか」「このサービスとあのサービスでは、どちらにどんなメリットがあるだろうか」という選択を、無意識のうちに数えきれないほどしています。

人付き合いにおいても、私たちは損得勘定を働かせがちです。近年はマッチングアプリを出会いのきっかけにする人たちも多いようですが、「年収が高い男性と結婚したい」「料理が上手で、倹約家な女性と出会いたい」など、配偶者に求める条件も、突き詰めれば「自分自身にとってメリットがある相手」を理想像にあげている場合がほとんどではないでしょうか。友人や職場での人間関係においても、自分にとって居心地がいいと感じる人とのみ付き合う。そんなところにも、損得勘定が働いているかもしれません。

損得で物事を判断することが高じると、「自分が」「私が」という自己中心的な心ばかりが育っていくことになります。金品や物など、形あるものを自分の行動の見返りに求めたり、人にどう思われているかといった評価も求めたりする心が育っていきます。すると、評価を得たいがために他人をさげすんで自分を良く見せたり、隙があれば成果を横取りしたりと、思わしくない行動に発展することもあるから注意が必要です。

こうした行動の背景には、人間が本来もっている利己心が隠れています。一言でいえば、「自分さえよければいい」という短絡的な考え方です。自分の行動が他人に与える影響には思いが及ばない、いわゆる「共感能力に乏しい人」が陥りがちな考え方といえるでしょう。

利己心が膨らんでしまう原因は、太古の時代にさかのぼると思っています。弱肉強食の社会で生きてきた私たちの祖先は、自分自身、あるいは自分が属するコミュニティの存続を図るため、激しい生存競争を繰り広げてきました。食糧である動物を狩るために危険を冒し、他のコミュニティと「食うか食われるか」の戦いに明け暮れてきたのです。常に「自分たちの存在が脅かされるのではないか」という強い不安を抱えていたため、あらゆる手を講じて防衛本能を養ってきました。「油断していると足をすくわれるんじゃないか」「裏切られるのではないか」と疑心暗鬼になったり、奪われるくらいなら奪う側に……といった思考に無意識に陥ったりするのです。

◉待ち受ける末路

損得勘定で物事を判断する人の末路には、深い孤独が待っています。「この人に気に入られれば評価があがるから、言うことを聞いておこう」「この仕事は苦労の割に成果がでなさそうだから、そこそこにやっておこう」など、見返りを求めて行動する姿勢は、周囲にも気づかれてしまうものです。自分では上手に立ちまわっているつもりでも、どことなく嫌な雰囲気やオーラのようなものがにじみ出てくるからです。「あの人はいつも自分の仕事しかしない」「みんなが大変なときに、助けるような役回りはしない人」と思われ、次第に敬遠されるようになっていくでしょう。

複雑かつ多様化する社会において、周囲と協調しながらうまくやっていくことは簡単ではありませんが、自分のことを最優先に考える身勝手な行動は、他人から排斥されるきっかけを生むため、避けたいものです。積極的な排除ではなくても、「話しかけてもらえなくなる」「責任ある仕事が回ってこない」など、少しずつコミュニケーションを図りにくくなるかもしれません。

敬遠されるだけならまだいいほうかもしれません。「前回は私がやったので、今回は○○さんにお願いします」と名指しで仕事を任され、渋々引き受けたものの、普段周りが大変そうにしていても見て見ぬふりをしてきたために、誰も手を差し伸べてくれないかもしれません。自分が得をしたいがために周囲との関係をないがしろにした報いともいえますが、その恨みが深ければ深いほど、しっぺ返しで孤独に突き進んでいくことになるのです。

◉仏教的な生き方にスイッチ

利己心は物質的な満足感や、相対的に周囲より優位な立場に立つことを求めて働くものです。その欲は尽きることがなくエスカレートしますから、別の方法で満足感を得る努力が必要です。利己心からくる損得勘定を捨てることは容易ではなく、まったく違ったアプローチが必要だと思います。

仏教に「忘己利他《もうこりた》」という教えがあります。自分のことはさて置き（忘れ）、他人のために尽くすこと（利他）を説いた教えです。

利己心が強い人にとっては「自分が不安で、余裕がない状況なのに、それを忘れて人に与えるなんてできるか。損するとしか思えない」と感じられるかもしれません。あるいは、

「自分はそんな立派な人間にはなれないし、やっぱり自分が一番大事だ」と思う人もいるでしょう。それでいいのです。大事なのは、自分もそうであるように、同じ人間である他人もまた、利己心をもった存在だと理解すること。それが利他への第一歩となります。

本書を手に取ってくださる読者の皆さんは、きっと「幸せになりたい」「成功したい」あるいは、「安心して生きていきたい」という思いをもたれていることでしょう。「利他」の実践は、そのすべてを叶えてくれる修行だといっても過言ではありません。

おそらくは世の中の九割以上の人が利己的な考えを強くもっているでしょうから、利他の精神で生きる、すなわち、与える側にまわることは、残り一割の少数派になるということです。与える側になったほうが、一見、損をするように思えても、実はライバルが少なく、成功しやすいとも考えられます。行き過ぎたおせっかいにさえならなければ、利他の精神をもつ人は、存在の希少価値が高まります。そういう人は嫌われませんし、かえって人から大事にされることが増え、利己的になって得をしようとする以上のものが与えられるようになるわけです。

「見返りを求めているようだ」と気が引ける方もいるでしょう。たしかに「親切にしたら、何かが与えられるかもしれない」といった考えは、打算的な考えではありません。それでも、「損して得とれ」といった打算的な利己心を、あえて利用することは有用だと思います。

実際には、ひとたび与える側に立ってみれば、たとえ感謝の言葉や目に見える見返りがなくても、得えも言われぬ心の充足感を自らの心に覚えるはずです。この喜びは、金品や他人からの評価とは比にならないほどの満足感を得られるものであり、それによって利己心を抑え、さらなる利他の心を育てていく好循環を生み出せます。

利他の実践は、ささいなことからで構いません。たとえば私は電車に乗ったとき、あえて席に座らないように意識しています。足腰を鍛える目的もありますが、私が座らないことによって、席が一つ空き、ほかの誰かが座れるのです。これも一つの利他の実践だと信じて、続けています。

「自分がしてもらったらうれしいこと」から始めてみましょう。

Point

自分も他人も同じ人間。勇気をもって、与える側にまわりましょう。

Buddhism

面倒なことは人任せにする

主人公

特徴 Characteristics

　面倒くさがりで、物事を深く考えて判断することが苦手。やりたくないことは他人に任せ、なるべく自分に負担がかからないように、いつも防御線を張っている。

　厄介なことからの回避能力に長けている一方で、充実感が得られず、常に楽しみを探している。

◉〈不幸まっしぐら〉の原因と背景

何をするにも、自らは行動せず、他人に〝丸投げ〟する人がいます。進んで仕事をしないだけならまだ許せるものの、任された仕事にも真剣に取り組まないとなると厄介です。丸投げされた側からすれば、「なんて無責任な人なんだ」と思いたくもなります。

何でも人任せにする人にはいくつかの特徴があります。仕事などの業務を例にとれば、本人がその業務についてあまり詳しくなく、精通した人につい頼ってしまうこともあります。単に「面倒くさい」という怠け心から丸投げしてしまうこともありますが、「自分がやらなくても誰かが助けてくれるだろう」という甘えがあるのです。本当なら自分が任されたことであり、自分の責任で成し遂げなければいけないことは理解しているのですが、やり方を学んだり、新たに何かを理解したりすることの労力を想像して嫌になり、「わかっている人にやってもらったほうが早い」という思考になるのです。

「餅は餅屋に任せる」という言葉がありますが、得意な人に任せることがいい場合ももちろんあります。その道に長く携わっていて、専門的な経験・知識をもっている人でなければ、生み出せないものがあるからです。また、任せることによって相手のモチベーションを高め、成果を発揮させる関わり方もあるため、一概に他人に任せることがいけないわけではありません。問題は、自分が取り組む必要があることなのに、楽をするために他人任せにするところにあります。

こうした人は、夢中になれることの楽しさや、物事を成し遂げた成功体験に乏しい傾向にあります。どなたにも経験があることと思いますが、楽しさややりがいが見いだせないと、人間はその物事に取り組むのが億劫になります。すると、自分自身の課題としてとらえなくなる、あるいは「まあ最低限やればいいか」と他人に頼る選択をするようになるのです。

◉待ち受ける末路

たとえば職場において、社歴が長く、実力は十分にあるはずなのに「いま忙しいから」「この仕事はぜひ○○さんにお願いしたい」などと尤《もっと》もらしい理由を並べて他人任せにする人は要注意です。要注意なのは、「気を抜いていると、厄介ごとを押しつけられるから」ではありません。これはそうした行動をする本人にとって深刻な問題があるからです。

本人が物事に主体的に取り組まない限り、当然、そこにやりがいや達成感が生まれることはありません。そうした状態が続いているあいだは、取り組んでいる本人も、楽しさを見いだせず、いつまで経っても成長することがないからです。たとえ、上手に他人に任せ、厄介ごとから回避する能力を身につけられたとしても、すべてを人任せにし続けることはできませんから、おのずと、楽しめないことを嫌々する機会が増えていきます。

物事に取り組む姿勢はあらゆることに影響があるということが、次のような興味深い実験で明らかになりました。

その実験では、意図的にネガティブな気持ちを抱いて仕事をするグループと、目的意識をもつなど、ポジティブな気持ちで仕事をするグループをつくり、それぞれに同じ負荷のかかる仕事を与えました。すると、嫌々仕事をするグループには疲労感が強く残り、筋肉にかかる物理的な負荷も重くなるという結果がでたのです。

この実験では、心のもち方次第で、抱えるストレスだけでなく、物理的な負荷さえも変わってしまうことがあきらかになったのです。嫌々取り組めば、疲労もストレスもたまっていく。すると、もっと嫌になるというスパイラルに陥っていきます。

心身の疲労を抱えて何かに取り組まなければいけないことも改善したいところですが、最も気をつけたいのは、いつまでも人任せにしたり、嫌々仕事に向き合っていたりすると、本人の能力が一向に伸びないことにあります。勤務歴に応じた能力が期待される世の中で、それが伴わない人はいつか〝お荷物〟扱いをされるでしょう。

一昔前であれば「窓際族」と呼ばれましたが、職場では左遷の憂き目に遭《あ》い、だんだんと居心地が悪くなるかもしれません。鈍感で無神経な図太い精神力の持ち主なら平気かもしれませんが、人間は誰かの役に立てないことや、期待をかけてもらえないことに非常に強いストレスを感じる生き物です。気がついたそのときから、自分に課せられたことに向き合う努力を始めないと、惨めさを感じる末路が待っているかもしれません。

◉仏教的な生き方にスイッチ

禅語に「主人公」があります。世間的には、映画やドラマの主役という意味合いで使われていますが、仏教では「本来の自己」を指す言葉です。

中国唐代に活躍された瑞巌和尚《ずいがんおしょう》という禅僧は、毎日自分自身に向かって「主人公」と呼びかけ、自分で「はい」と返事をされていました。

「はっきりと目を醒《さ》ましているか」

「はい」

「これから先も、人に騙されないようにな」

「はい」

来る日も来る日も自問自答し、絶えず自分自身を点検しておられたのです。禅においてはこの点検がとても大切にされます。自分がいま置かれている状況の確認を他人に任せたりせず、徹底して自分自身を主体とするその生き方が、主人公を生きるということです。

もちろん生きていくうえでは、人に任されてすることは山ほどあります。仕事をはじめ、買い物を任されたり、子供の送迎や料理、マンションの管理組合の会合への出席を依頼されたりと、自分の得手不得手を問わず、何かを任される機会は数えあげればきりがありません。そのとき、「任されたからやる」「嫌々やる」という姿勢でいれば、先述の実験のように、ストレスフルな状態が生まれます。そうではなく、「子供と心を通わす時間にしようか」「この機会に、地域とのつながりを大切にしてみよう」「家族に喜んでもらえる自分になるにはどうしたらいいか」と前向きに取り組んでみる。まさにドラマの主人公になったつもりで、演じてみるのです。思いがけない発見や喜びに出会えると思います。

人生百年時代とはいえ、年月は長いようであっという間に過ぎていきます。いち早く、この主人公の生き方に目覚めてください。やりがいを感じられない生き方は楽しくないだけなく、肉体的にも精神的にも疲れやすくなります。好きなことも楽しめない人生は、ほんとうにつらいものです。いつか、「どうせ私は何もできない人間なんだ」と、能力が不足する自分を卑下して落ちこむこともあるでしょう。そうして心が苦しくなると、頑張っている人をうらやましく思ったり、いたたまれない自分の心の調和を図るために、努力する人を馬鹿にするような心が生じてきたりするのです。こうした負の連鎖は、一日も早く断ち切ってください。

人生はいまが一番若いときです。今日から主人公を生きる努力を始めましょう。

Point

あなたの人生の主人公はあなた自身です。自分の意志で生きれば、人生は素晴らしいものになります。

Buddhism

目的のためには手段を選ばない

○○さんが部長の指示に不満があるって言ってましたよ

自未得度先度他

特徴 Characteristics

自分が成功するためには、他人の評判をおとしめたり、成果を横取りしたりすることも厭《いと》わない邪《よこしま》な心の持ち主。他人からの評価に過剰に反応するため、いつも神経を使っている。

認めてもらえている実感が得られないと安心できず、日々苦悩している。

◉〈不幸まっしぐら〉の原因と背景

「お金持ちになって、友達に自慢できるような良い暮らしがしたい」「誰もやったことのないような事を成し遂げて、大出世したい」——誰かに自慢できるような、あるいはうらやましがられるような存在になりたいと思う人は少なくありません。社会的な地位の高さや、収入の多寡など、世の中には〝成功〟を象徴するものさしがいくつもあります。どんな世界でも、成功している人は周りに一目置かれる存在であるため、向上心の強い人であればあるほど、そういう存在になりたいと思うものだろうと思います。

正当な努力の結果として、周囲から認められ、成功者になることはなんの問題もありません。しかし、「認めてほしい」「私を見てほしい」という欲望が制御できないまでに膨らみ、他人を踏み台にしたり、あるいは成功しそうな人を引きずりおろすような手段を用いたりして、自分の思いを叶えようとするのは考え物です。まさに、目的のためには手段を選ばない人は危険です。

なぜ、そこまでして思いを叶えたいのか。背景には、強烈な承認欲求と不安が隠れています。

ご承知のとおり、承認欲求は誰もがもっている感情です。しかし、自分の努力に対して、いつも正当な評価がもらえればいいのですが、残念ながら、世の中はそう思いどおりにいきません。自分よりも劣っていると思っていた人が評価されるなど、ときに理不尽とも思える結果に苦しむことがあるでしょう。本人には、「自分こそ評価に値する」と信じて疑わない自信があるのですが、一方では、「ここで評価されなければ、自分はいつまで経っても結果を出せないのではないか」「他人に先を越される敗北感を味わいたくない」といった大きな不安も抱えています。

そこで、評価を得ようと必死になるわけです。評価を得るためには、結果を出し、実力で評価される必要があります。しかし、これには時間と労力がかかり、たとえ結果が出させたとしても、望むような評価が保証されているわけではありません。そこで、もっと手っ取り早い手段として、他人よりも自分を相対的によく見せるために、誰かを引きずり下ろすという手段を講じてしまうのです。

評価を性急に求める人には、危険な思いこみがあると思っています。それは、富や幸せが、「限定何名」「先着何名」という「限られた枠のもの」だという思いこみです。できるだけ早く自分が勝ち取らなければ、誰かに横取りされてしまうという焦りを感じているのです。

世の中にある富や幸せは、循環している。その事実への無知に、承認欲求と不安が拍車をかけ、是が非でも自分の願いを叶えようとするのです。

◉待ち受ける末路

先ほども述べたとおり、「富や幸せは循環するもの」です。欲したときに欲した分だけ手に入れられるわけではありませんが、長い目で見れば、それぞれの人にふさわしく与えられるものだということがわかります。

しかし、限定的なものと思いこんでいる人にはその事実が見えないため、努力を台無しにしてしまう愚行を犯すのです。その行動の末路を、私たちの心に残る形で端的に描いた物語があります。芥川龍之介の『蜘蛛の糸』です。

主人公の犍陀多《かんだた》という男は、数々の悪行を犯した罪で地獄に堕ちるのですが、彼が生前に一匹の蜘蛛を助けたことから、お釈迦さまのお慈悲で一本の糸が垂らされます。それに気がついた犍陀多は、「脱出できるかもしれない」と思い、一生懸命よじ登ります。ふと下を見ると、地獄にいる他の大勢の罪人たちも、糸にしがみついているのが見えました。「このままでは糸が切れてしまう」。そう思った犍陀多が、「これは俺の糸だ、お前らは降りろ」と他の罪人たちを落とそうとしたその瞬間、糸がプツンと切れ、再び地獄に堕ちたという有名な話です。

他人を蹴落としてでも、自分だけが助かりたいという行動の末路を象徴しているかのようです。末路は、自分も引きずりおろされる結果になるわけですが、これが人生の真実を見事に言い当てた話だと思っています。

◉仏教的な生き方にスイッチ

もしも、犍陀多が下から登ってきた他の人々に対し、糸を上ることを許していたらどうなっていたか。物語であるため、その答えはわかりません。しかし、結果は異なっていたのではないかと思うのです。この話は、利己心をもつ犍陀多の欲を戒める教訓であるだけでなく、「救いにつながる一本の糸は、先着一名のもの」という限定思考を改める教訓にもなりますし、読み手にさまざまな教訓を想像させているようにも思います。

日本における曹洞宗の開祖・道元禅師が記した『正法眼蔵《しょうぼうげんぞう》』という書のなかに「自未得《じみとく》度先度他《どせんどた》」という言葉があります。「発菩提心《ほつぼだいしん》」という巻のなかにあり、そこには「菩提心をおこすといふは、おのれいまだわたらざるさきに、一切衆生をわたさんと発願しいとなむなり」とあります。

仏教では、迷いや煩悩に満ちた世界を「此岸《しがん》」といい、生死《しょうじ》の海を渡って悟りを得ることを「彼岸《ひがん》」にわたるといいます。この「自未得度先度他」の教えは、「自分がまだ彼岸に到達していなくても、他の人たちを彼岸に渡す」という意味です。それが、菩薩《ぼさつ》の行ないであるといわれているのです。

菩薩とは、自分自身も悟りを得ようと努力しながら、一方で、悩み苦しむ人へ救いの手を差しのべる存在を言います。

さきほどの『蜘蛛の糸』で、生前に一匹の蜘蛛を救った犍陀多の清き行ないを知っていたお釈迦さまは、犍陀多に再び菩薩としての心を起こしてほしいと願っていたのかもしれません。「自分だって救われたい。でも、ほかの人々も同じく救われを求めるなら、道を譲ってあげようか」と思うことが、この場合の菩薩の行ないかもしれません。お釈迦さま自身は人を試したり、善悪を判断したりすることをしませんから、あくまで推測でしかありませんが、そう考えて読み手が教訓を得ることも大事ではないかと思うのです。

「認められたい」と思う承認欲求の例で考えれば、自分が認めてほしいときこそ、まずは他人を認めることです。これが「自未得度先度他」の実践になるでしょう。

人間の心理には「返報性のルール」というものがあります。他人に何かをしてもらったり、施してもらったりすると、「もらってばかりでは申し訳ないから、お礼をしなくちゃ」と思う心理作用を指します。世の中にはこの人間の心理を巧妙に用いて詐欺をする人もいますが、誰かの努力を認めることは何の問題もありません。認めてもらった人は、「いやいや、あなただって努力をしているし、素晴らしいですよ」と言ってくれるかもしれません。そうなれば、お互いを認め合えるようになり、良い関係性を築けるでしょう。反対に、目的のために他人を引きずり下ろすようなことをして成功を勝ち取れたとしても、「返報性のルール」にしたがって自分が足を引っ張られることがあるかもしれませんから、注意したいものです。

「他人を認めても、必ずしも自分が評価されるとは限らない。そのときはもっと承認欲求が膨らむのではないか」と思う方もいるでしょう。安心してください。人間は、他者からの承認を求める心とともに、自分が自分を承認する自己承認の欲求ももっています。「本当は自分が認められたい。でも、そんな自分の欲求を制御し、他の人を認めることができた」ということが、自分で自分を承認することにつながり、欲求を満たしてくれます。

お釈迦さまが生前の犍陀多の善行をご覧になって、救いの糸を垂らしておられたように、あなたのそうした努力をちゃんと見てくれている人はいるはずです。すぐに結果が生じなくても、長い目で見れば、努力が報われたと思えるときが必ずくるはずですから、焦らずに、まずは他の人を認められる菩薩の心を育てていってください。

Point

自分が救ってほしいときこそ、他人を救ってみる。そこから道はひらけます。

成功体験が捨てられない

放下著

特徴
Characteristics

過去の成功体験をいつまでも手放すことができず、自慢げに語る。

退職したり、転職したりしていてすでにその地位にないにもかかわらず、隙があれば自分がいかに優秀であるかや、努力したかをアピールする。チームや仲間の功績を自分の手柄のように語ることもある。

◉〈不幸まっしぐら〉の原因と背景

いつも同じ自慢話ばかりを聞かされて困っている、という相談を受けたことがあります。〝いつも同じ自慢話〟に「それ、私かも……」とドキッとした人、あるいは「あぁ、あの人のことだな」と心当たりがある人も少なくないのではないでしょうか。

とくに、職場の飲み会で毎度同じ話を聞かされるケースが多いようです。たいていは上司が若手を捕まえて、「むかしは休みなんかなく働いたものだ」と、武勇伝を語っているといったところでしょう。何度も同じ話を聞かされるだけでも苦痛ですが、お酒が入っているため、「これだから最近の若者は」なんて説教じみた話が始まれば、部下はうんざりしてしまいます。

何度も同じ話を繰り返してしまうのは、「一目置かれるすごい人間だと思われたい」といった心理や、他人に力を誇示しておかないと、「たいした経験のない人だな」と見下されるのではないかという焦りがあるからだと思われます。

どちらも、承認欲求が背景に隠れています。本書に何度も登場するこの承認欲求こそが、私たちを苦しめる元凶にして、捨ててもまとわりついてくる厄介なものなのです。

自分が仕事で成し遂げてきた成功体験に限らず、経歴自慢や〝昔はワルだった自慢〟、芸能人や社会的に有名な企業の人と交友があることをひけらかす人脈自慢など、さまざまな自慢話もあります。

もちろん、誰だって他人に「すごい」と思われたい気持ちをもっています。たとえ自慢話であっても、関心を寄せてくれる仲間がいて自尊心が満たされたり、次の成功につながるきっかけになったりするのであれば、多いに役立てればいいのです。問題は、いつまでも同じ話を繰り返してしまうことにあります。

ではなぜ、同じ話を何度も繰り返してしまうのでしょうか。

おそらく多くの人が、他人に語れるような成功体験や自慢話をいくつももってはいないでしょう。それでも承認欲求は生じてくるため、数少ない経験のなかから、何とか人に誇れる話をひねりだします。

そして、自分よりも人生経験が浅い後輩や部下など、関心を得られやすそうな人に話す。社交辞令も相まって、大きなリアクションが得られやすいですから、話している本人は気分が良くなり、「やっぱり俺ってすごいんだ！」と味をしめるようになります。すると、話に色をつけながら、知らずしらずのうちに誇張したエピソードができあがっていく。さらに、だれに話したかなどいちいち覚えていられませんから、同じ人にも何度も話してしまう、といった悪循環に陥るのです。

気をつけたいのは、たとえば、本当はチームで成し遂げた仕事であって、自分の貢献度は低かったにもかかわらず、さも自分が何もかもやってきたような口ぶりになってしまうことです。話を少し盛る程度ならまだしも、もはや事実とは異なる脚色をしてしまうとなると、考え物です。

とくに、現代は転職があたりまえの時代ともいわれ、自分が何を成し遂げてきたかをアピールすることが求められる時代です。とはいえ、実際の話よりも大きなことを言い出している自分がいたら要注意。そこまで来ると、ただ注目されたいという欲求だけが膨らんでいる可能性があります。

◉待ち受ける末路

特定のキーワードが会話に出てきたときに、思い出したように同じ苦労話をし出すようになったら注意しましょう。自覚がなくても、過去の成功体験（あるいは失敗経験）にとらわれている可能性が高いからです。その兆候が出たら成長が止まっている証拠だと考えましょう。たとえ失敗談を語っているようでも、「こんな失敗をしたが、そこから学んだことがある。それを教訓として語れるようになったいまでは、自分の血肉になった成功体験である」と、自分自身で完成された事例のように思いこんでいるだけの場合もあります。すると、それ以上の経験値として上書きされなくなってしまいます。

自分の成功体験、あるいは苦労した経験が、みんなに役立つと信じたい気持ちもあるのでしょうが、いつも同じ話が機械のように出てくると、聞いているほうは「またか」と辟易してきます。その自慢話が、何かの参考にならないものだったら、相手の貴重な時間を奪ってしまうだけでなく、ストレスも与えることになるでしょう。

いつしか、業務で関わる以外に、話しかけられなくなる悲しい末路が待っているかもしれません。

◉仏教的な生き方にスイッチ

禅語に「放下著《ほうげじゃく》」があります。「放下」は捨てること、「著」は強調をあらわす語です。つまり、「放り出せ」「投げ捨てよ」と力強く捨てることを説く教えです。何を捨てるかというと、自分が執着しているあらゆるものを捨てるのです。成功体験だけでなく、心に引きずりがちな失敗やトラウマ、あるいは地位や名誉といったものから、家や車などの物質的なものへの執着も捨てるべきものの対象です。

なんでもかんでも捨てればいいということではありません。ここには大切な基準があります。それは、「自分の成長や精進の妨げになるもの」を徹底して捨てなさいということです。手放すことで得られたかもしれない可能性を見過ごすこと、これが何にもましてもったいないことだと理解すればいいでしょう。

つまり、いつまでも同じ成功体験をひけらかすのではなく、さらなる成功を求めて努力すればいいのです。成功も失敗も、終わったことにいつまでもとらわれいては足かせになりますから、潔く捨ててしまいましょう。大事なのは、いま何ができるかを常に考え続けることなのです。

また、仏教において捨てることを指す「捨」にはあらゆる意味が込められています。「物事を平等に見るために、偏らないこと」も意味しており、つまりは「よく観察すること」の大切さを説いているのです。

たとえば、自分が自慢話をすることで相手がどう反応しているかをじっと見ることが大切です。「俺の体験談を聞かせることで、若手を鼓舞したいんだ」と善意の気持ちから話していたとしても、それを相手は求めていないかもしれません。「すごいですね。もっと聞かせてください！」と気持ちよく聞いてくれているように思えても、「気を使った社交辞令的な返事かもしれないな」と、自らが冷静に観察したほうが良いということです。

為した事実を語ることは必ずしも問題ではありませんが、それが周囲に迷惑を与えるようなら、潔く手放してしまいましょう。

Point

精進・成長の妨げになる過去の栄光は、潔く手放しましょう。

Buddhism

いつも誰かに評価されていたい

よくできていますね
彫刻教室
オレの方がすごいのに…

潜行密用、如愚如魯

特徴 Characteristics

つねにスポットライトが自分にあたっていないと気が済まず、他人が褒められたり、評価されたりすると不満に思う。愚痴を言ったり、上司に直接不満をぶつけたりして、自ら可能性を失っていくことも。

自分自身で居場所をなくしていっていることに気がついていない。

◉〈不幸まっしぐら〉の原因と背景

人に評価してもらえたり、褒めてもらえたりしないと、自分の努力に対して価値を見いだせない。こんな悩みが、二十代のような若い人に増えている傾向にあります。誰でも、努力していることが他人から評価されるとうれしいものです。ですが、現実には自分が所属する組織やコミュニティのなかで役割を果たすうえで、いちいち注目されたり、評価されたりということはないものです。

企業には人事考課など、社員を評価するための仕組みがありますが、それは評価してあげないと不満に思う人が辞めてしまうからです。とくに若い人は「評価されないなら辞めて別のところにいこう」と考えがちですから、会社が社員の自尊心を高めるような工夫を一生懸命考えているのです。しかし、組織の中で働いている人というのは、本来は〝黒子〟なのです。

朝起きて、仕事に行き、帰ってきて寝るまで、体のなかではさまざまな活動が行なわれています。食事をとれば胃が消化し、各器官が栄養を吸収してエネルギーに変える。体には六十兆もの細胞があり、多くの臓器があるわけですが、わたしたちはそれらをいちいち取り上げて「あなたは素晴らしい働きをしてくれているね」「あなたのおかげで今日も元気でいられるよ、ありがとう」と感謝するわけではありません。それでも、細胞や臓器は役割を果たしてくれています。

私たちが生きるうえで欠かせない酸素も、普段から感謝されることはありません。酸素が薄いところにいって初めて、酸素のありがたみがわかるくらいです。同じように、この世の中に存在しているものも、宇宙という広大な組織を構成する一員にすぎず、チリのような存在でしかありません。人間以外の万物が、宇宙を構成しながら他人の評価など関係なしに自分の務めを果たしている。しかし、人間だけが「自分を見てほしい、注目してほしい」「自分の存在とは何か」ということを考えているのです。

自分の存在に対して、存在の価値を認めてほしいという気持ちを仏教では「自我」といいます。いつも周囲からの評価を求める人は、この「自我」が強いことが原因だと言えます。

近年は子供に習い事をさせたり、一流の学校に通わせたりすることに躍起になる親がいます。子供もまた、「あなたは素晴らしい子よ」「あなたという存在はかけがえのない存在だから、個性を磨きなさい」と教育される。すると、社会環境のなかで無意識のうちに「認められる存在でないと、生きる価値がないんだ」と思う自我を増大させてしまうのです。

◉待ち受ける末路

自我が膨らみ、誰かに評価されることが行動の目的になっていくと、心はいつも満たされない状況を生きることになります。繰り返しお伝えしているように、どんな組織においても、いつも評価されることはあたりまえのことではないからです。この状況は苦しさを生み出すだけの末路をたどります。

たとえばあなたが、評価されることもないけれども、周りに批判されたり、叱られたりすることもないのであれば、それは組織のなかで正常に機能し、役割を全うできている証拠です。機械に例えるとわかりやすいのですが、どんな機械にもシステムとしての機構があります。正常に働いているときは気がつきませんが、熱を発したり、異常音を発したりすることで、異変に気がつくことができます。

これを人間にたとえるならば、評価されている人や、目立っている人を見ると、妬ましい気持ちがふつふつとわいてきて、「こんなに努力している自分が評価されないのはおかしい」と他人に怒りをぶつける。それは機械が熱を発することにあたるでしょうか。また、「どんなに頑張っても報われないならやる意味がない」と仕事を放棄し、役割を全うしない状態は、異常音を発する状態と言えるでしょうか。いずれの場合も、原因となるパーツは修理されるか、交換されるかのどちらかになります。

組織のなかにいれば、普段は誰からも注目されることがない。これが存在の真実です。そのことに気がつかなければ、叱責という「修理」を受けるか、いま与えられている役割を交代させられる末路が待っているでしょう。それは、自分で辞めていかなければならない状況をつくっていくことかもしれません。

◉仏教的な生き方にスイッチ

中国曹洞宗の開祖、洞山良价《とうざんりょうかい》が作ったとされる『宝鏡三昧《ほうきょうざんまい》』という漢詩のなかに、「潜《せん》行密用《こうみつよう》は愚《ぐ》のごとく魯《ろ》のごとし」という言葉が出てきます。私が修行時代、何度も励まされた言葉です。修行者が歩む道は、人から評価されたり、認められたりする華やかなものではなく、むしろ光も当てられずに、ただただひっそりと修行に励む地味なものです。一見、愚か者のようでもありますが、それでも自分自身を見つめて修行に励んでいく。それが修行者のあり方だということ教えています。

なぜ「潜行密用」するのか。それは、自分という人間をあきらかに見ていくうえで、他人にどうこう評価される必要がないからです。必要がないどころか、他人の評価を気にするようになれば、やるべきことをする選択や、モチベーションのようなものを、他人に委ねることになります。「評価されるからやる」「評価されないからやらない」といった愚かな考え方や、人が見ているところでは頑張るが、見ていないところでは手を抜くという愚も犯しかねないです。

あなたが本来、仕事や打ち込むべきものに取り組む意味は、どこにあるのか。それは決して、人から認められるためだけではないはずです。私たちは誰もが、宇宙という存在の一部であり、社会を支える黒子であると自覚しましょう。組織にいるときには「潜行密用」で黒子に徹する。成し遂げたいこと、やり遂げたいことがあるなら「愚のごとく魯のごとし」、他人が見ていようがいまいが、愚直にやりきる。それこそが、あなたに真の価値を見出す方法ではないかと思います。

最後に、あなたを苦しめているのは他人ではありません。「注目されたい自分」と「注目されない黒子としての自分」が戦っているだけなのです。注目される人も、注目されず黒子に接する人も、世の中には二つの立場が共存して成り立っています。とにかくいまは「潜行密用」でやるべきことに徹してください。たとえ自分が望むような結果にならなかったとしても、恨みっこなしです。それくらいの覚悟で取り組めば、自分自身が満足できる結果になると思います。

Point

他人の評価に行動を左右されるような〝愚〟は捨ててしまいましょう。黒子に徹し、成すべきことに愚直に取り組めばいいのです。

column

信者数世界一の「お金教」

新型コロナウイルス感染症の世界的な蔓延や、長引く不況のなか、「自分の身にいつ何が起こるかわからない」「この先、どうやって生きていったらいいのか」と、多くの人が不安な気持ちを抱えています。不安を解消するために、人々は「目に見えるもの」としての安心材料を求めるようになりました。その最たるものが、「お金」です。「私は無宗教です」と自信をもって答える人でも、私は「お金教」というある種の宗教を信仰している人が多いように感じています。

現代社会の潮流が資本主義である以上、お金は生きていくうえで欠かせないものであることは間違いありません。しかし、これも行き過ぎれば「貪欲」となり、際限のない苦を生み出す元凶になるのです。

近年はSNSも発達し、他人の生活がよく見えるようになりました。どこの誰かもわからない人が主催するセミナーに参加し、高級ホテルでパーティーなどをやっている他人の姿を見ると、「充実して生きている人はお金をもっているんだ」「幸せになるためにはお金が必要だ」と思いこむようになります。すると、自分にお金がないことに不安を覚え、「もっとお金を貯めよう」「お金を稼がないと」と考えるようになる。少し貯まってきても、「まだ安心できるほどではない。同年代の人はもっと貯金している」と、エスカレートしていきます。やがて、「もっと楽にお金を稼ぎたい」など、人生を生きていく目的から努力の方向性まで、お金が価値判断の第一義になっていくのです。

もちろんお金があればできることが増えますから、たしかに幸せを感じるための選択肢は増えるでしょう。ですが、お金があることが、すなわち幸せであるとは限らないのです。

私のところに相談に来られる方のなかには、大企業の経営をされている方も大勢います。お金には何不自由することなく、欲しいものは何でも手に入るような方々です。日本中の温泉を巡り、世界中どこでも行ってみたいところに旅行し、高級料理もたらふく食べてきたそうです。異性にも事欠くことはないし、休みたいときに仕事を休んでもなんの問題もない地位を築いている方々です。私たちにとっては、喉から手が出るほどうらやましい成功者に見えます。そんな彼らが何を相談しにくるかといえば、「何をしていても虚しくて仕方がない」という相談なのです。

なぜ、虚しさを感じるのか。それは、貪欲が「ここまでいったら満たされる」という限界値のない欲望だからです。

仏教では、『六方礼経《ろっぽうらいきょう》』というお経に、自分が得たお金の分け方が四つに示されています。具体的には「必要なものに使うお金」「好きなことに使うお金」「貯金をするためのお金」「将来への投資のためのお金」の四つです。

大切なことは適切なバランスを崩さないことにあります。どれかが欠けると、補おうと必死になり、欲が暴走するからです。身の丈にあった生活水準で、もしもの時になんとかなるお金があれば、人は貪欲を起こさないのです。むしろ、それ以外のお金で自分を高めていくことにお金を使う知恵を働かせることで、満足感を得ながら成長することができます。逆に、お金は余るほどあっても、目的がなく娯楽や趣味だけに大金を使っても、満たされることはなく、満足感は得られないのです。

人によって置かれた環境は違います。いまの自分にとって必要なお金との向き合い方を考え、仏教が説く四つのお金の分け方に集中することで、妄信的なお金教から脱するヒントが得られると思います。

お金は、あくまで自己実現のための「道具」であり、それ自体が幸せを生むものではないことを心得たいものです。

第四章　無知で苦しむ人

Buddhism

Buddhism

物を大切にできない

少欲知足

特徴 Characteristics

最新家電や流行の物に目がなく、すぐに買い替えたり、不必要でも新しく購入したりする。セールになっている物もついつい買ってしまい、結局使わずじまいで家に眠っていることも。

身の回りはいつも不要なものであふれ、整理ができていないことが多い。

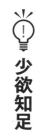

◉〈不幸まっしぐら〉の原因と背景

産業革命以降、大量生産・大量消費の文化が生まれ、安価で良質な商品が手に入りやすい時代になりました。日本においても、百円ショップやディスカウントストアが次々に登場し、企業努力によって多くの人が良質で安価な商品を購入できるようになり、人々の生活水準は底上げされたといえます。

これ自体は悪いことではありませんが、しかし一方で、安く手に入るがゆえに「使い捨てる」という発想も生まれています。物への価値が軽んじられるようにもなり、「とりあえず買っておこうか」「何かのときに使うだろう」と、使う目的がないものでも、安価であるがゆえに買ってしまうということが起こります。

また、日進月歩の技術革新と激しい競争のなかで、たとえば電気製品業界では薄くて軽い電化製品を次々と作り続けてきました。とくに、一人一台もっていることがあたりまえになった携帯電話は、いまでは手のひらサイズのスマートフォンに進化しています。軽くて、電池のもちがよく、高性能な製品づくりが日夜行なわれているわけですが、便利でスタイリッシュな製品を求め、最新機種が登場するたび、まだ使用できる製品を買い替える人もいるようです。製品としての耐久性は向上しているのに、トレンドや新機能を追い求めて、利用する期間が短くなっているのです。

もちろん、「もっと便利な物が欲しい」「快適に生きていきたい」という欲求は人間の自然な感情であり、その欲を満たすことに本質的な問題はありません。しかし、「本当にいま必要かどうか」を判断する力が衰えていっていることを感じます。

ここには、立ち止まって考えるべき重要な事実があります。それは、企業が発信する巧みな宣伝文句や、欲望を誘発する情報に触れる機会が、インターネット社会を通じて急激に増えたということです。

たとえばあなたが、「最近太ってきたから、運動でも始めようかな」と思い立ったとして、まず何をするでしょうか。おそらく、インターネットで関連する情報を調べ、必要なものを調達することから始めるのではないかと思います。そして「ジムに行こうか」「トレーニングウエアはどんなものがいいか」と調べ尽くすでしょう。最小限のもので取り組み始めるというよりも、推奨されているものをいろいろと買いあさってしまうかもしれません。

気をつけたいのは、私たちが興味をもって検索したりする情報を、企業は収集していて、あらゆる機会に応じて私たちに広告を表示したり、購買行動を促そうと働きかけてくることです。私たちは自発的に行動をしているように思っていても、実際には、ネットの広告やテレビCMを通じて私たちの潜在意識に働きかけてくる企業の巧妙な情報操作によって

〝動かされているだけ〟なのかもしれないのです。そうして、ますます消費の習慣がつき、不必要なものを購入することにもつながってしまうのです。

当然、所有しているものが増えれば、使わずじまいの物が出てきます。物を大切にできないという行動は、何も乱暴に扱っているというだけでなく、使えるものを使っていないことにもあてはまるのです。

◉待ち受ける末路

物を身の回りにあふれさせている状況では、当然ながら、物に対するありがたみや感謝の念が薄れ、豊かさや喜びを感じにくくなっていきます。すると、満足感を得るために、どんどんと新しい物を求めたり、「安いから」という理由で購入したりすることで物欲を満たすようになります。いままで以上に不要なものが身の回りに増えていくことになるでしょう。

こうした物欲には際限がなく、より刺激の強いものを渇望するようにエスカレートしていきます。「ハイブランド商品を身に着けないと満足できない」「買い替えるなら、いまより良い物じゃないと」「この服はもうトレンドにあっていないから、新しい服を買わなくちゃ」など、なかば強迫観念のように消費をしていくことになるのです。

普通は、金銭的にも精神的にも無理が生じて、どこかで歯止めがかかりそうなもの。しかし、近年は若い人でもクレジットカードを簡単につくれるようになっただけでなく、クレジットカードがなくても後払いができたり、手数料をかけずに分割で購入できたりするサービスも普及しています。将来入ってくるであろう収入を当てにして、いま自分がもっているお金以上の買い物ができる社会が、あたりまえになっているのです。

◉仏教的な生き方にスイッチ

物に対する感謝の念や、満足感の欠如からくる消費のエスカレートを正すためには、自分にとって必要なものと不要なものを見極めることが欠かせません。そこで、私は「整理整頓」の習慣をもつことが大切だと感じています。

整理とは「不要なものを見極めて捨てること」、整頓とは「必要なものを見極めて、元の位置に戻すこと」です。自分に必要なものが何であるかを見極め、それがどこにあるかを常に把握しておく。すると、一つひとつの物に対する関心が高まり、愛着がわくようになります。

しかし、いざ整理しようとすると、さまざまな思い出や「もったいない」という思いがわいてきて、手放すことに躊躇してしまいます。そこでおすすめなのは、他人に整理してもらうことです。他人であれば、躊躇なく、物を処分していくでしょう。もちろん、役立ててくれる人に譲ったり、中古品として売ったりするのでもいいと思います。そのときに、「欲しいと思って買ったけど、結局使わなかった」という意識をしっかりともってほしいのです。すると、次に物が欲しいと思ったときに、処分する際の迷いを思い出すようになり、必要なものを吟味する目利きができるようになってくるのです。

そうして本当に必要なものを所有していると、物を大事に扱うようになり、不必要に物を求める欲も自然と収まってくるのです。「これだけあれば十分だ」と把握できることが最も大切であり、仏教では「足るを知る心をもつこと」として「少欲知足《しょうよくちそく》」の大切さを説いています。整理整頓を心がけ、身の回りのものを一つひとつ観察をしてみると、案外、自分に必要なものはそう多くないことに気がつくでしょう。

私が住職を務める福厳寺でも整理整頓を実践していますが、ある日、修行して日が浅い修行僧が「箒《ほうき》が壊れたので新しいものを買ってもいいでしょうか?」と聞いてきたので、「直して使うように」と伝えました。それから年月が経って、もう限界かなと思うほどに箒が傷んでいたので、「そろそろ買い換えよう」と伝えると、「大丈夫です。この部分を直せば、まだ使えます」と言うのです。物との向き合い方が変わったのだなと実感できた瞬間でした。

もう一つ、物の価値を感じるトレーニングとしてお勧めしているのが、「物質としての重さを体感すること」です。グラスでもペットボトルでも何でもいいのですが、手のひらに物を乗せ、少し脱力して意識的にその物の重さを感じてみるのです。すると、想像以上に「ずっしり」とした重さを感じることができます。その物がどんな物質でできているのか、どんな人や機械が、どんな加工を施して、どのような工程で自分の手元に届いたのか。そんなことにも思いを馳せてみると、目の前の物への見方が変わってくると思います。いまある目の前の物との向き合い方を改めていくことで、「少欲知足」の実践をしてみてください。

Point

整理整頓で身の回りの物が本当に必要なものかどうかを見極める。必要なものには愛着がわき、大切にしたいと思う心がわいてきます。

Buddhism

嘘やごまかしで取り繕う

不妄語戒

特徴 Characteristics

自分のイメージや評価に傷がつくことを恐れ、ありのままの自分をさらけだすことができない。なるべく自分をよく見せようと、つい「小さな嘘」を重ねてしまう。そのことに対する罪悪感はないが、自分の発言をいちいち覚えていないため、整合性を図ることに苦労してしまう。

◉〈不幸まっしぐら〉の原因と背景

人間は、都合が悪くなると、言葉巧みにごまかしたり、嘘をついたりすることがあります。小さなミスや失態、人に言えない過去の自分の姿など、知られたら他人から責められてしまうような後ろめたいことがあると、とっさに自己防衛本能が働くのです。「こんな自分を知られたらきっと幻滅される」という消極的な心理と、「この場さえやりすごせば……」という安直な考えがあるからこその行動だといえます。

人を騙す詐欺のような嘘は論外ですが、他人に悪く思われたくないという「保身」から嘘をつくことは誰もがやりがちな行為です。他にも、自分の稼ぎを実際よりも少し多めに自慢したり、失敗に対して「仕方なかった」と思ってもらうための言い訳をしたりと、見栄や体裁を気にしてついてしまう嘘もあるでしょう。

多くの人が、嘘をつくのはよくない行ないだと理解しています。では、人はなぜ嘘をついてしまうのでしょうか。たとえば、人を騙す詐欺や企業におけるデータの改竄《かいざん》など、「大きな嘘」が良くないことは誰だって理解できますし、多くの人は実際にやろうなどとは思わないでしょう。ですが、「小さな嘘」になると、「人に害を与えるわけではない」「相手のためになるなら」などと考え、問題だとすら思わないのです。

人間には、自分の考えに正当性をもたせるように、物事を都合よく解釈する習性があります。これは生きていくうえで不可欠な習性なのですが、一方で、行ないに対する価値観や基準を自分でも自覚できないところで少しずつ変えていってしまう怖さがあるのです。相手のためを思っての嘘や「これくらいこの場をやりすごせれば問題にはならないだろう」という思いでついた嘘は、罪悪感を感じさせないため、次第に本人が嘘をついている自覚すらなく、エスカレートしていくようになります。

◉待ち受ける末路

たとえば、気の向かない誘いを受けたとき、「その日は仕事の打ち合わせがありまして……」「行きたい気持ちはあるのですが、あいにく別の約束があるんです」など、断るための口実として嘘をつく経験は、誰でも一度くらいはあるのではないでしょうか。家庭では仕事を言い訳に、職場では家庭を言い訳に誘いを断ることを常套手段にしている人も少なくないかもしれません。たいていの場合、相手は素直に信じてくれるか、程のいい断り文句だと察してくれるでしょう。ですが、たとえば後日その人に会い、「このあいだの別の予定は楽しかった?」と聞かれでもしたら、さらに嘘の上塗りをしなければいけないことになります。そうしてだんだんと、ひっこみがつかなくなっていくのです。

嘘を真実にするために、またさらに嘘をつくことは、相当頭が切れなければできないことです。嘘を重ねれば重ねるほど、覚えておかなければならないことが増え続けるからです。同時に「バレないようにしなければ」「もしバレたらどうしよう」と、いつも緊張感をもつことになるため、エネルギーを使い、ストレスを抱えることにもなります。取り繕おうとする自分の言動にいつまでも一貫性をもたせることは困難であり、どんなに頭の切れる人でも、いつかは嘘をつきとおすことができなくなってしまうのです。

深刻なのは、嘘が明るみに出れば、過去についた嘘が暴かれるだけでは済まず、「あれも嘘だったから、きっとこの人は今回も嘘をついているだろう」と、本当のことさえも信じてもらえなくなってしまいます。

◉仏教的な生き方にスイッチ

仏教には嘘を戒める「不妄語戒《ふもうごかい》」という「戒」があります。

「妄語」は仏教語で「嘘をつくこと」を意味し、「戒」は、別の話でも述べたとおり、自分自身が守るべき約束のことです。

嘘は小さなものから始まり、やがて大きな嘘へと発展していきます。仏教では「悪業《あくごう》を積む」というように解釈されていますが、小さな嘘をつくことで少しずつ心が汚れていってしまうのです。この戒をもつことで、心が汚れるのを防ぐことができます。

嘘のない、きれいで清らかな落ち着いた心は、堂々とした態度をつくり出し、嘘を重ねているときとは反対に、人生を好転させる作用をもっています。それが、不妄語戒を守る本来の意義です。

では、具体的にどんな戒を立てればいいのかというと、まずは嘘をつくことをやめることです。しかし、人間は習慣の生き物ですから、自分を取り繕おうととっさに嘘をつく癖がついてしまうと、簡単には直せません。そこで、嘘をついてしまった自分に気がついたときに、「懺悔《さんげ》」することをお勧めします。

あるとき、知り合いと話をしていたら、その方が「ごめんなさい。私いま、自分をよく見せようととっさに嘘をついてしまいました」と打ち明けてくれたことがありました。うっかり小さな嘘をついてしまったとき、素直に嘘を認めて謝る。嘘をつかれたことへのいらだちよりも、その人の誠実さが際立ち、私がその方に対して懐く印象はかえってポジティブなものに変わりました。

この方のように、とっさについてしまった嘘に対して、「あ、いま嘘をついたな」と自分自身で気がつき、反省することに意味があります。この気づきが、無意識に嘘を上塗りしてしまう自分を制御するうえで重要なストッパーになるからです。

Point

嘘をつけばつくほど、貴重な時間とエネルギーが奪われます。とっさの嘘は素直に認め、正直に生きていきましょう。

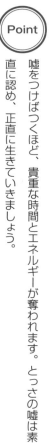

Buddhism

駆け引きがやめられない

もうちょいジラそう…
よかったら来週の土曜食事しませんか？
ごめん…忙しかったかな……？

単刀直入

特徴 Characteristics

意中の相手を落とすために、巧みに心理戦を仕掛けていく。押し時と引き際を使い分け、相手の依存心を高めていくことが得意。

恋愛だけでなく、ビジネスにおける交渉時にも、好条件を引き出すことに力を注ぐ。駆け引きが長引くと、相手に不信感をもたれることも。

◉〈不幸まっしぐら〉の原因と背景

人間関係、とりわけ男女関係でいたずらに駆け引きを好む人がいます。「恋愛は駆け引き」なんていわれることもありますが、相手の気を引くためにあえて連絡を取らなかったり、素っ気ないふりをしたりするなど、相手の不安感を利用することで、注目を得ようとすることもあります。

もちろん恋愛だけでなく、仕事においても駆け引きはあります。取引先との折衝の際に、手のうちを最初から明かさず、予算を少なく伝えたり、あるいは提示価格を大きくしてそこから割引感を演出したりするなど（もちろん合法な範囲内ではありますが）、いわゆる交渉事には駆け引きが不可欠です。むしろ駆け引きのスキルがないと、いたずらにお金を支払うことにもなってしまいます。

いずれの場合も、なぜ駆け引きをするかといえば、常に自分が主導権を握りたいからです。相手に自分の本心を知られるのが怖い、あるいは、期待はずれの反応をされることを恐れ、なるべく自分の思いを出さずに相手の意思を確認しようとしているのです。

◉待ち受ける末路

生きていくうえで欠かせない駆け引きのスキルも、多用しすぎたり、度がすぎたりすると〝交渉決裂〟を招きます。最初のうちは相手の気を引くことができても、振り回される相手は次第に疲れてしまい、うんざりしてくるからです。

私のところに来る相談者からよく寄せられる話ですが、とくに男女関係において、相手の本心がわからず悩んでいる方が多くいらっしゃいます。二人の関係における悩みでとどまればいいのですが、その悩みが仕事への集中力を欠いたり、勉強に身が入らなくなったりと、あらゆるところで弊害を生み、苦が苦を招く「どつぼ」にはまっていってしまうのです。

「イエス」なのか「ノー」なのかはっきりせず、相手の気持ちがわからなくなっていく。ストレスはたまる一方で、そこにコントロールしようとする相手の意思があることに気がつけば、信頼関係が一気に壊れてしまうリスクもあるのです。これではいつまで経っても、良い人間関係を築けなくなってしまいます。

◉仏教的な生き方にスイッチ

仏教語に「単刀直入」があります。一般的にも用いられる言葉ですが、一振りの刀でまっすぐ切り込むことから、あれこれ〝方便〟を用いずに核心に入ることを意味します。

たとえば恋愛のケースでは、「私はあなたとの結婚を前提に考えています。あなたはどうですか?」とはっきりと伝える。私のところにも、「遊ばれているような気がする」「彼が結婚を考えてくれているか不安になる」といった相談を寄せられることがありますが、あれこれ悩むより、単刀直入に聞くことを勧めています。なぜなら、相手が真剣ならばお互いの将来を考えるために時間を費やすことができますし、遊び心があったり、結婚を考えていないという本心がわかれば、貴重な時間をいたずらに過ごすことなく、自分の人生を考えることができるため、どっちに転んでもお互いのためになるからです。

駆け引きをして相手の気持ちを確かめるのは時間も労力もかかるうえに、相手との信頼関係にひびが入るリスクもありますが、単刀直入に気持ちを伝えれば、案外本音で話せるようになるものです。

仕事においても同様で、折衝に時間を使うことは生産的ではありません。私もいくつもの事業をしていて感じますが、とくにＩＴ系のソフトウェアなどは、相場感がわからないですし、契約する企業数によって収入が変わるわけですから、製品の適正な価格というものはあってないようなものだと思っています。そこで、「うちはこの金額なら手を打ちます。御社に正当な利益が出る金額を提示してもらえませんか」とはっきり伝えるようにしています。このとき、「会社に確認します」と言ってもち帰る会社ももちろんありますが、経験上、腹を割って正直に応じてくれる企業とは、その後も長い付き合いができていると感じています。

ときには駆け引きが必要なこともあるでしょう。ですが、恋愛でもビジネスでも、単刀直入に話せる相手と付き合うほうが、お互いにとって良い関係を築く結果につながりますから、真剣に付き合っていける相手かどうかの見極めは、早くしたほうが良いといえます。

Point

単刀直入に思いを伝えれば、相手の本心がわかります。お互いのためにも、貴重な人生の時間をいたずらに浪費しないようにしましょう。

アドバイスを受け入れられない

Buddhism

柔軟心

特徴 Characteristics

人並みの経験と実績をもっているため、自分なりの「型」ややり方を確立している。「これが自分の個性だ」と思いこみ、その道の先輩とはわかっていてもアドバイスを聞き入れない。むしろ、アドバイスを聞くことで自分の軸がぶれてしまうのではないかと恐れている。

◉〈不幸まっしぐら〉の原因と背景

職場の上司や先輩に仕事上のアドバイスをされても、素直に聞かない人がいます。「そのことなら理解しています」「検討していますので」「そもそも、それって必要あるんですか」などと返す刀で返答したり、あるいは、「ご指摘ありがとうございます」と表面上は助言を受けとるような態度を見せたりしておきながら、実際には従わないという人もいます。老婆心からの助言をしている上司や先輩からすれば、まさに〝暖簾に腕押し〟の状況です。

こうした行動をとってしまう人はいくつかの原因を抱えているように思います。一つは「言われなくてもわかっている」と感じている。自分の考えに絶対の自信があるため、人にとやかく言われることを嫌っていると思われます。

また、〝自分らしさ〟を履き違えている場合もあります。これは何かのことでそれなりの結果を出し、ある程度の経験を積んだ人が陥りがちな考えですが、さまざまなことをそつなくこなせるようになってくると、多少人と違ったやり方で物事を進めていても、それが個性のように思ってしまうのです。すると、他人に意見されたときに「自分流のやり方があるから、その助言は自分には必要ない」「古い時代のアドバイスで、ピントはずれだ」

などと感じられ、自分ごととして受けとれないのです。

いずれの場合も、根本的には〝うぬぼれから生じる無知〟が背景にあります。

◉待ち受ける末路

〝自分らしさ〟はないよりあったほうがいいように思われます。ですが、自分が自覚している〝自分らしさ〟が、真に個性をあらわすものなのか、この点は注意して見る必要があるのです。

禅寺の修行に入ると、剃髪《ていはつ》して頭を丸め、服装もみな同じものを着て生活します。言葉遣いから行動、食事からトイレに入るときも、すべて同じ作法に統一されます。このように説明すると、「なるほど。みんなで同じ格好をし、修行をすることで、個性をなくすのですね」と勘違いされる方がいます。

実際には真逆なのです。人と同じ格好をして、同じ所作をしていれば、〝その人らしさ〟が消えてしまうのかというと、むしろ個性が際立って見えます。同じ格好をして同じことをやらされているからこそ、自然と違いが出てくるのです。

現代人は逆に、一生懸命飾り物をしたり、他人の考えや世間の流行に自らが合わせにいくことを個性だと考えているようです。「なりたい顔ランキング一位」の女優に似せたメイクをして人目を引いたり、影響力のある人の発言に共感すると、さもそれが絶対的な答えであるかのように鵜呑みにして、自らの考えのごとくに誇らしげに語っていたりします。およそ個性とはかけ離れた実態があるにもかかわらず、当の本人たちは「時代にあった考え方で、個性的だ」と思って疑わないのです。

ＳＮＳで流れてくる動画から情報を得ているうちに、知らずしらずのうちに自分の考え方を形づけられてしまう恐ろしさに、現代人はあまり気がついていないように感じています。仮想通貨が流行すれば、「時代は仮想通貨だ」という情報だけが一人歩きし、実態がわからないのに仮想通貨に手を出す若者がトラブルに巻き込まれる。これと同じことが人生観、仕事観を形成するうえでも起こり、身近な人の意見には耳を傾けない、無知で愚かな行ないを加速させているのではないかとさえ感じています。

◉仏教的な生き方にスイッチ

先ほど述べた禅の修行のように、仏教では「自己を解体していく作業」を通して、自己を確立していきます。自分の考えや思いこみを一切捨て去り、釈尊の教えや師の教えに従うことで修行していくのです。その過程でようやく、「自分らしさ」がにじみ出てくるとイメージしてください。

そのために必要なのが、「柔軟心《にゅうなんしん》」です。「柔軟」は、それぞれの字が「やわらかい」を意味するように、ありのままを受け入れ、逆らうことがない〝やわらかさ〟が要になります。「知っている」「必要ない」などと自分の狭い了見で評価することなく、助言を一度受け止める心のやわらかさをもつことが、修行の第一歩になるのです。

これは言うほど簡単なことではありません。頭では理解していても、これまでの経験とプライドが邪魔をするからです。そこをグッとこらえて、「自分にはまだまだ知らないことがあるのかもしれない。騙されたと思って、一度助言どおりにしてみよう」と思える謙虚さが、あなたをさらに高いステージへ成長させるきっかけになるのです。思いもしなかった結果が待っていることでしょうから、ぜひ私に騙されたと思って、トライしてみてください。

何かに行き詰まったとき、自分を変えるコツがあります。それは、「いままでうまくいかなったやり方を続けていて、今後うまくいくようになることはない」と思うことです。情報化社会のなかで、おそらく皆さんは成功も失敗も含めてたくさんの情報を集め、何かにチャレンジしているのでしょう。もしもそれでもうまくいっていないことがあるのだとすれば、きっとこの先も、その延長線上に解決策はありません。

いままでの固執した考え方を徹底して捨てる覚悟が、さらなる高みへのステップアップに必要だということを、どうか忘れずに取り組んでみてください。

Point

助言を受けたら、素直に聞く。これが現状を打開していく最短の方法です。

Buddhism

他人と自分を比べる

喜

特徴
Characteristics

責任感が強く、任されたことを着実にこなす能力は高い。しかし、自分と他人を比較しては妬み心をもつため、満足感が得られない。

妥協を許さないピリピリとした雰囲気を醸し出しているからか、人が寄りつかないのも特徴。本人はそのことを気にしている場合も多い。

◉〈不幸まっしぐら〉の原因と背景

「あの人はなんの努力も苦労もしないで、楽をして暮らしている。そんなふうに他人を見てしまう自分が嫌です、どうしたらいいでしょうか」

このような相談を受けたことがあります。相談者は仕事にも熱心で、資格試験の勉強をして自分を高めるなど、人一倍努力をする人でした。しかし、他人と自分を比較し、悩んでいました。「私がフォローしないと仕事が回らない」「私は独身なのに、あの人は結婚して家庭ももって、不公平だ」「周りもみんな文句を言っているのに……」と、不満とやるせなさで涙が出てくるほど悔しいということでした。

人をうらやむという気持ちは、人間の無知から生じます。これまでお話ししてきたように、人間には「貪欲《とんよく》・瞋恚《しんに》・愚癡《ぐち》」の三毒があり、さまざまなネガティブな感情を抱くわけですが、うらやましいという気持ちには怒りも含まれます。

なぜ、人をうらやむ気持ちが無知につながるのか。

私たちはとかく、誰かをうらやましいと思いますが、その人のすべてを見て知っているわけではありません。ほんの一部しか見えていないにもかかわらず、「ろくに仕事もしない」「楽をしている」などと決めつけて見てしまうのです。すると、今度はそれが怒りにつながって「なぜあの人はロクに仕事もしないのに、私ばかりこんな苦労をするのか」という不満になっていきます。

私たちが感じる喜びや怒りの感情はどこで生じて、どこでくすぶっているかと言えば、すべて自分の心にあるのです。怒りや悲しみは、自分の外側に起きるものではなく、自分の内側に起きるものなのです。そのことへの無知が、苦しみを生んでいるといえます。

◉待ち受ける末路

怒りは心の炎症作用です。炎症は長く続けば続くほど、心を疲弊させていきます。最初は「うらやましい」というささいな感情から始まっていたものが、他人と自分を比較して、やがて怒りを生んでいく。すると、それはうらやみではなく「妬み」になります。

こうした悩みをもっている人は少なくないでしょう。「同じくらいの給料なのに、俺のほうが仕事を熱心にやっている」「仕事もできないのにあいつばかり上司に気に入られて腹が立つ」という状況を、苦しんで生きている人は少なくありません。

ごく稀に、人生の幸福を象徴するものをすべて持っているような人がいます。素敵な配偶者と大きな家に住み、高級車に乗り、子供もペットもいて、何不自由なく暮らしている。

そんな人であっても、誰一人、その人のことをすべて知っている人はいないわけです。一見完璧に見える人でも、実は心の内側に闇を抱えているかもしれません。親や子供のことで深刻な悩みを抱えているかもしれないのです。

誰しもに、得手不得手があるものです。たとえば仕事ができない人でも、上司に気に入られ、同僚にも好かれて仲間が多い人もいます。そういう人に対して「仕事もできないくせに」と思うかもしれませんが、その人は「人に愛される」という点に長けているだけなのです。自分には仲間がいないと妬む人は、「仕事ができる」という長所はもっているけど、「人間関係をうまく構築できない」という短所がある。それだけのことなのです。

妬んでいる相手には、もっているものもあれば、欠けているものもある。自分にも、もっているものもあれば、欠けているものもある。この事実を、冷静かつ客観的に見られないと、苦しみの炎症作用を増大させていくことにつながります。

◉仏教的な生き方にスイッチ

人間は感情の生き物です。寂しいことや怖いこと、暗いこと、冷たいことなど、ネガティブな感情は避けたい本能をもっています。そういうネガティブさをもった人に、人は寄っていきません。逆に、いつも明るく楽しそうにしていて温かい人に、人は寄っていくのです。

仕事をさせたら誰よりも正確で処理能力も高く、優秀な人がいるとします。細かなことに気がつくし、気配りもできる。だけどなぜか、人に愛されない人。そんな人は、「生活のためにやっているけど、本当はこんなことをやりたくない」「自分はこんな雑務をするために仕事をしているんじゃない」と不満に思いながら仕事をしているのです。

「よろこび」を意味する仏教語に「喜《き》」があります。仕事ができるのに、なぜか人に好かれない人には、「喜」、すなわち〝喜び〟が欠けているのだと思っています。

ボランティアという言葉がありますが、これは「自分から進んでする」「喜んでする」という意味があります。そこに一銭もお金が生じなくても、やりたいからやるというのがボランティアです。

元も子もないような話に聞こえるかもしれませんが、たとえばプロ野球選手は、ボールを投げ、バットを振っているだけの仕事です。サッカー選手だって、大の大人が、ボールを何時間も蹴っているだけ。つまり、どんな仕事も、とことん細分化していけばただの作業なのです。しかし、そんな作業にも、一生かけて突き詰めていく奥深さがあるわけです。これが本当の仕事です。創意工夫を重ねながら、何とか良い形にして改善しようと思って取り組めば、その人にとってそれは喜びになります。そんな人は魅力的に映ります。楽しそうにしている人のもとには、自然と人が集まるようになるのです。

仏の教えは、眉間にしわを寄せて怒りを抱えながら実践するものではありません。明るく、温かく、どんなことでも喜びに変えてしまうような工夫をしながら生きる実践そのものなのです。

「なんでこんな人のために自分が協力しないといけないんだ」と思うのではなく、喜んで力を貸せばいいのです。自分が力を発揮して、助かる人が一人でもいるなら、それでいいではありませんか。自分がその状況を楽しめるようになれば、それでいいのです。

人を妬むエネルギーがあるなら、それを自分が愛される人になるために使えばいいのです。簡単なようで、難しいかもしれませんが、どうせ同じ仕事をするなら、喜んでやってみてください。それを続けていけば、必ずあなたを愛し、認めてくれる人が増えていきます。

Point

妬みが生じるのは、〝喜び〟が足りないからです。自分のもてる力を、喜びが得られるように工夫して発揮しましょう。

column

親の心、子知らず

子供を自分の意のままに育てようとしたり、悪影響になる教育をしたりする親を、近頃は「毒親」と呼ぶそうです。親を選ぶことができない子の葛藤として取り沙汰されています。親子の縁は切っても切れないものであり、それゆえに、どう関係を築くかは人生の幸福度にも関係が深いものと思っています。「非行に走り、親を悲しませてきた」など、親不孝を後悔している人に、私は何人も出会ってきました。そのたびに、「親孝行したいときに親はなし」という言葉を思い出します。親が健在であっても、「愛してもらえなかった」「親の言うとおりに生きてきたのに、不幸になった」と不平不満から問題をこじらせ、親不孝を重ねる人もいます。

私にも子供がいますが、子供を産み育てることは大変なことです。この世に生まれた赤ちゃんは、親や周囲の手を借りなければ生きていけません。夜泣きする子供を連日寝不足になってあやし、何度もミルクを飲ませ、着替えをさせ、大きくなれば学校にも通わせる。人間が成長していく過程で、そこには無数の愛が注がれているのです。血のつながりの有無に関係なく、この愛なくして、人は大人になれないといえます。

しかし、「親の心、子知らず」です。子供のうちは理解できませんが、社会に出て、結婚したり、出産したり、自分が親の年齢に近づくにつれて、親の苦労がわかるようになってくる。これが人間の常だと思います。

親子関係を重んじる中国で作られたお経に、『父母恩重経《ぶもおんじゅうきょう》』というお経があります。親孝行の大切さを説いたお経で、初めてこのお経に触れたとき、「まるで現代の家庭を見ているようだ」と驚いたものです。それほどに、克明に親不孝の様子が描かれています。大事なことなので、簡単に内容をご紹介しましょう。

母親の胎内で十月十日《とつきとおか》の歳月を経て、私たちの体は成長していきます。大きくなったお腹を抱える母親の生活は、行住坐臥にやむことのない苦痛を伴います。しかし母は「我が子が無事に生まれてきますように」という一心で、他の楽しみは捨て去ってしまう。出産時には、陣痛など耐え難い痛みに耐えて子を産む。父もまた、母子の無事を祈っている。そうして生まれた直後の新生児期から大人になるまでに、我が子の身の回りの世話を一時もやむことなくし続ける。そうした親の様子と思いが、丁寧に描かれているのです。

そんな親の心を知らずして、やがて結婚をして家を離れることになった子は、父母と疎遠になり、自分たちの生活を楽しむばかり。親が孤独を感じていても、自らの生活を優先していきます。親の恩に報いるどころか、不孝を重ねてしまうのです。お経に記された内容を読み、わが身と引き当てて胸が苦しくなる人もいるかもしれません。

お経には、親孝行の具体的な方法も次のように説かれています。

美味しい果物などを得たら、もち帰って父母に差し上げること。父母に病があれば、側を離れず自ら手厚く看病すること。食事をすすめ、親が眠ったらその息づかいを聞き、医者に相談して正しい薬をもらうこと――。四六時中、親を思い、恩に報いる。これらは、自分が子供のときに、親が施してくれたことだと気づくでしょう。

最後に、仏教が説く親孝行が語られます。それは、年老いた親が道を誤らないよう、子が親を教導していくこと。与えてもらった恩にしっかりと目を向け、自分にできる恩返しをいまからでもしたいものです。

しかし、残念ながら親の心が育っておらず、子供に虐待をする親もいます。家庭ごとに複雑な事情や親子関係の形があるでしょう。「感謝しなさい」と言って感謝できるものではありませんから、そういう人は「感謝できるときがきたら、感謝すればいい」と思っています。いま一度、親子の縁を見直す機会をもっていただければ幸いです。

第五章

思いこみが激しい人

Buddhism

Buddhism

決めつけで物事を判断する

絶対に間違いなくこの人にすべきです！
CM起用タレント候補

自在眼

特徴 Characteristics

語尾が断定的で口調も強く、説得力があるような物言いをする。根拠なしに話しているわけではないが、詳しく聞いてみると、自分の経験則による思いこみの場合も多い。

新たな知見が得られると、しばらくそのことを主張するようになる。

◉〈不幸まっしぐら〉の原因と背景

「それは絶対にこうするべきだよ」。自信満々に他人から言われると、「そういうものなのだろうか」と思いたくなってしまうものですが、鵜呑みにするのは危険です。世の中に、絶対的なことはそう多くはないからです。

たとえば、仏教でいう真理の一つに「諸行無常」があります。諸行とは、万物のこと。無常とは「儚《はかな》いこと」ではなく、「常」であることが「無い」、つまり、一刻もとどまることなく変化しているという意味です。「すべての物事は絶えず移り変わる無常なものである」。この「諸行無常」を否定する考え方は、仏教では真理たりえません。

他人が「この考え方は絶対的に正しい」と言っていると、多くの人は「何を根拠に」と冷静に判断することができ、むしろ決めつけるような言い方に嫌悪感すら覚えるでしょう。客観的に見れば愚かなことだと思えるのです。しかし、いざ自分のこととなると、「自分の考えは正しくて、相手は間違っている」と思いこみ、正しさを主張するような愚を犯してしまうことが珍しくありません。矛盾した行動にも思えますが、背景に心理的な原因があります。

それは、私たち人間が、物事を見たいように見て、考えたいように考える習性をもつ生き物だということです。心理学の世界では「スコトーマ（心理的盲点）」と呼ばれていますが、私たちは、目で見た情報を「ありのまま」に認識できているわけではありません。自分の興味関心があることや、重要だと思う情報だけを取捨選択して、脳が認識するよう無意識に働いているのです。

たとえばあなたが、新しい車が欲しくなり、あれこれ情報を調べるとします。気に入った車種がいくつか見つかって、どれにしようか悩んでいると、街中でやたらとそれらの車が目につくという経験はないでしょうか。もちろん、突然その車の流通が増えたわけではありません。いままでもちゃんと見えていたのに、脳が認識していなかっただけなのです。

つまり、私たちの脳は、自分が欲している情報を得ようというバイアスのもとに働いているのです。それゆえに、自分が経験してきたことのなかから、絶対的な答えを見つけようとし、つい決めつけた考え方をしてしまうのです。本人のなかでは「こういう理由から、間違いないと判断した」という〝根拠らしき言い分〟もあるのですが、それは自分の考えを正当化するために、都合よく集められた情報の場合もあり、限定的かつ個人的見解にすぎない可能性があります。

他人が主張する「絶対に正しい」という意見を疑うのは、自分の認識と、相手の意見とが一致しないからでしょう。一方で、自分の考えは、自分が認識したいと思う情報をもとに考えられたものであるため、絶対的に正しいと信じて疑わない。そこに、矛盾が生じてしまうのだと言えます。

◉待ち受ける末路

「群盲、象を評す」というインド仏教の寓話があります。群盲とは、目が見えない六人の人のことで、彼らが象の体を触わり、それぞれが抱いた象の姿を伝え合う話です。足を触った人は「象とは柱のような生き物だ」と言い、しっぽを触った人は「いや、象とは紐のような生き物だ」と言う。はたまた鼻を触った人は「いやいや、象とはヘビのような生き物だ」と言って、六人ともに違うことを言って争うというストーリーです。

どれも象の一部を説明していて、決して間違ってはいません。この寓話で盲人たちが象の正しい姿を把握するためには、「象とは、下部に柱のような部位があり、後ろには紐のような部位があり、そして前にはヘビのような部位がついていて……」と、それぞれが感じた象の特徴をもち寄って擦り合わせればよかったのです。そうすれば、正しい象の姿に近づけることができるのです。

自分の考えを絶対だと決めつける人には、「自分は物事の一部しか理解できていないかもしれない」と考える謙虚さが必要です。たとえ実物を見ていたとしても、「心理的盲点」によって正しく認識することができないのが人間なのですから、物事の真の姿を正しく把握できていると思いこむのは、非常に危険なことなのです。そして、もしも思いこみをもったまま生きていれば、誤った判断を下し続けることになってしまいます。

◉仏教的な生き方にスイッチ

いつも、知恵を寄せ合う仲間がいるとは限りません。そこで私たちはいかにして決めつけや思いこみを捨てればいいかということですが、まずは「自分が正しいと思っていることは、思いこみであって、間違っているかもしれない」と自問する謙虚さが求められます。そして、もしも他人だったらどう考えるだろうか、と想像力を働かせてみる。できれば、さまざまな立場や角度から物事を見られるほうがいいでしょう。

物事を決めつけで見ることとの対比として、仏教では「自在眼《じざいげん》」をもつことを説きます。変幻自在、自由自在などの意味での自在で、「とらわれがない」という意味です。

この自在眼を用いる菩薩が観自在菩薩です。一般的には観音さまとして親しまれていますが、観自在菩薩は、悩み苦しむ人の求めに応じて、変幻自在に姿を変えたり、手を差し伸べたりして、人々を救っていく菩薩です。状況に応じて柔軟に考え方や救いの手を変えていく。その姿勢を私たちも見習いたいものです。

もちろん、物事を自在に見たそのうえで、主張を明確にしたり、行動を決定づけたりしなければならないときがあります。そのとき、何が正しくて、何が間違っているかを見極めるのは容易なことではありません。そこで、何かしらの判断基準が必要になるわけですが、コツをご紹介しましょう。

それは「巧みであるかどうか」です。仏教は、この巧みな考え方や生き方を求める教えだともいえます。「こうすれば幸せになれる」「これが常識だ」と決めつけず、その人にとって「巧みであるかどうか」で判断すると、大きく物事を誤ることはなくなってくるのです。

Point

絶対的に正しいことなどない――。その謙虚さを忘れず、自在眼をもって多面的に物事を見ていきましょう。

他人を否定する

むやみやたらに

Buddhism

摂受

特徴

Characteristics

誰かの意見に対して、百パーセント肯定せず、否定的な言葉から話し始める。しかし、最終的に自分の意見を押し通すことはせず、「あくまで可能性としての話です」と言って自分に責任がのしかかることは上手に避ける傾向にある。その場で自分の存在感を示せればいいと思っている。

◉〈不幸まっしぐら〉の原因と背景

誰かの意見に対し、「うーん」とか「いや、それは」と言って、必ず否定的な反応から入る人がいます。聞いている方は自分の考えを即座に否定されているようで、とても嫌な気分になります。

こうした人は、自分自身の考えをある程度はもっているため、他人の意見を全面的に肯定することができない特徴があります。たとえ自分と意見が同じだったとしても、「こういう可能性もありますけどね」と反対のことを議論の俎上にのせたりする、少し意地悪な人です。本人には悪意がない場合もありますが、こうした行動の原因・背景には、自己肯定感の低さから〝自分の意見を伝えておきたい〟という思いがあります。

自分も意見を言うことで「ちゃんと考えているんですよ」とアピールしないと不安で仕方がないのです。ですから、他人の意見に同調したいときでも、「でも、こういう可能性もありますよね？」と、やっぱり否定するようなことを言ってしまう。人がやることなすことに反対意見を述べたがるというケースも多くあり、いわば「反対のための反対」運動をする人たちです。

総じて、取り残されたくない、あるいは優位な立場に立ちたいという心理が隠れています。それゆえ、「それでもいいとは思いますけどね」と、最後には自分の考えを押し通さないで、あくまで「自分の意見を言っているだけです」という体をとって逃げることもしばしばあります。言われている方からすれば「それなら初めから賛成してくれればいいのに……」という気持ちにもなるものです。

◉待ち受ける末路

自分の意見を否定されて気分がいい人はいません。加えて、さもそれが正解であるかのように、雄弁に、偏った主張を押しつけられれば、嫌悪感すら覚えます。こうした行動を続けている人は周囲に嫌われてしまうのですが、それよりも深刻なのは、周囲を萎縮させてしまうことにあります。

意見を否定されても、反論できる人ばかりではありません。たいていは声の大きな（主張の強い）人に圧倒されたり、衝突を避けて言いたいことを言えなかったりします。だからこそ、ディスカッションにおいては他人の意見を否定しないことや、自分の意見を述べながら他人の意見を引き出す能力が求められるわけですが、根拠のない自信を振りかざす人は、そのことが理解できていません。すると、その人の意見以上のことが出てこなくなるのです。建設的な議論にならず、アイデアの可能性を潰してしまう。個人の問題に限らず、チームが不利益を被る末路が待っているといえます。

◉仏教的な生き方にスイッチ

仏教語に「摂受《しょうじゅ》」があります。相手を説き伏せる「折伏《しゃくぶく》」の反対語で、自分と異なるものを受け入れながら、正しく導いていくことを教えた言葉です。

多くの人間がそれぞれの主義主張をもって生きている世の中であるからこそ、この「摂受」の考え方は非常に重要です。この心構えをもっているだけで、自分の狭い考え方を押しつけたがゆえに、発展的な他の意見を潰してしまうことを防げるからです。

偉大な経営者たちはまさに「摂受」の体現者だと思います。たとえば、経営の神さまと呼ばれた松下電器産業（現パナソニック）の創業者・松下幸之助さんもそのお一人でした。

戦後の荒廃した日本社会で、水道の水のように、安くていい物を全国に供給することで豊かな社会を創ろうとした松下さんは、とにかく社員の意見に耳を傾ける方だったそうです。会長として大組織を牽引《けんいん》するようになっても、決して偉そうにすることはなかったと言われています。ユニークな意見を述べる社員を見つけると「君、面白いことを言うね」

と受け止めてこられた。すると、社員もやる気になって、どんどん意見を言うようになる。そうしていいアイデアが出てくると、事業を立ち上げさせ、本人に任せてしまう。そうした姿勢を続けてきたことが、今日までの発展につながっているのです。

成功者を見ると、一人の人間のカリスマ性が発展の源のように思いがちです。ワンマンで成功される方もたしかにいるのでしょうが、松下さんのように、どんな立場になっても人の意見に耳を傾ける姿勢を真似るほうが、成功への近道になると思います。自分の考えなど、狭くて浅いもの。だからこそ、「摂受」の心でいろいろな人の意見を取り入れて、より良い物にしていくその姿勢が大切です。

Point

どんな意見も受け止めて、糧にしていく器があなた自身を飛躍的に成長させてくれます。

Buddhism

0か100かで物事を判断する

中道

特徴
Characteristics

白か黒かはっきりしないと気持ちが落ち着かないためか、二極化した思考に偏る。物事を判断する根拠が欲しい場合もあるが、実は自分が責任を負いたくないため、確証を得たいだけの場合も多い。

　あいまいさを許容できず、敵をつくりがち。

◉〈不幸まっしぐら〉の原因と背景

「私とあなたと、どっちの意見が正しいか白黒はっきりつけようじゃないの」「男はたくましくあるべきで、女はおしとやかであるべきだ」――昨今の価値観からすると、やや時代遅れな例かもしれませんが、世の中には「0か100か」「白か黒か」「善か悪か」など、物事を両極端な二つに分けて考える人がいます。

実は、物事を二つに分ける考え方は西洋文化が日本に入ってきてから、日本人に顕著に根付いていったものです。しかし、多くの物事は簡単に二分できるものばかりではなく、実態は「白」でも「黒」でもない「グレー」なものである場合もあるのです。

ではなぜ、とかく現代で両極端な考え方をする人が増えているのか。それは、現代を生きる私たちの生活が、人間によって作られた人工物に囲まれているからだと思っています。

抽象的でイメージがわきにくいかもしれませんが、人工物の多くは、誰かに必要とされるから作られています。生活家電や車、家、携帯電話など、求める人のニーズに応えることを目的に、人為的に作られているのです。つまり、「必要か、不要か」を考え、人間は社会生活を営んでいるという前提が、私たちが生きる世界にはあります。

人工物に対比する例として、自然界に目を向けてみましょう。自然界には、「0か

１００か」では割り切れない微妙な世界があります。大気中にある物質の構成比は、およそ窒素が七八・〇八％、酸素が二〇・九五％、アルゴンが〇・九三％、二酸化炭素が〇・〇三％と、きれいに割り切れない割合で構成されていて、この比率が変化するだけでも、人間の生命に関わることでしょう。また、地球と太陽の距離も絶妙であり、宇宙規模でこのバランスが崩れてしまえば、地球に届く放射線や熱の量が変わり、人間は生きていけないかも知れないのです。宇宙には、科学でも解明されていない摩訶不思議な現象がまだまだたくさんあり、神秘に満ちています。人間の尺度で「必要か、不要か」を判断できない、「なんのためにあるのかわからないもの」がある。これはまさに「白」でも「黒」でもない「グレー」なものだということができます。

　話を戻します。この極端な二つの考えに至ってしまうのは、仏教的にいえば「無明《むみょう》」が原因です。つまり、物事のありのままの姿を見る「智慧《ちえ》」がないということです。

◉待ち受ける末路

　こうした「０か１００か」の考え方で生きていると、現実世界では人間関係で苦しむことになります。なぜなら、人間自体が人工物ではなく、杓子定規でははかれないものの代表だからです。「こうしたら、こういう感情になる」「これが幸せで、これが不幸だ」と、それこそ「0か100か」の二択ではかることなどできないのです。ある人にとっては苦になることも、ある人には天国にいるような幸せに感じるかもしれない。またある人には、快でも不快でもない。そんなことはこの世の中に無数にあるのです。

極端な考え方が自分自身を苦しめることもあります。たとえば、理想的なマイホームを手に入れた人がいるとしましょう。「この家こそが、幸せの象徴だ」と思いこんでいたのですが、奥さんと喧嘩をして家にいたくない状況が生じてしまった。するとどうでしょう。「理想のマイホームが手に入ったのに、家に居たくないなんて……」と落ち込むことになるでしょう。このとき「0か100か」で物事を判断すると、「完璧な幸福のないマイホームになんて住めない」ということになります。これは極論ですが、それが「0か100か」で考える人の思考回路なのです。

もちろん、どんな状況下でも理想的な家なんて存在しないのですが、完璧主義であるがゆえに「マイホームなんていらない」「喧嘩をして嫌な気分になるくらいなら一人で生きていこう」と離婚を決意するかもしれません。そうしてどこまでいっても満たされることのない欲求に苦しみ続ける、生きづらさを抱える末路が待っています。

◉仏教的な生き方にスイッチ

さきほどの家の例では、「ゆっくりとくつろぎたい我が家だが、ときには居たくない状況だってある」というのが事実です。こうした「曖昧さ」を許容することが、人生を生きやすいものにしてくれます。

仏教には「中道《ちゅうどう》」の教えがあります。お釈迦さまが悟りに至るまでの過程で気づかれたことで、これがまさに「白と黒」「0か100」という二項対立の考えを離れたものの見方・考え方を示しています。

釈迦国の王子として何不自由のない生活をしていたお釈迦さまですが、ある日、出家してこの世の真理を見つける旅に出られました。そして、さまざまな師を訪ねながら、悟りを得るための苦行をされたのです。腹と背の皮がくっつきそうになるほどの断食、呼吸を止める修行など、苦行に苦行を重ねたお釈迦さま。しかし、苦行によってはついに悟りを得ることができませんでした。「徹底した苦行をもってしても、真の悟りを得ることができない」と考えたお釈迦さまは、キッパリと苦行をやめ、菩提樹という木の下で静かに瞑想に入られました。このとき、「極端な生活や修行は、極端な考えや心を生み出してしまう」と気づかれ、中道の大切さを見いだされたのだと思われます。

この中道をわかりやすく説明する「弾琴《だんきん》の例え」という話があります。あるとき、マガダ国の都である王舎城《おうしゃじょう》の郊外にある霊鷲山《りょうじゅせん》という山に、ソーナという青年の修行者がいました。ソーナは、自らに厳しい修行を課していましたが、なかなか悟りを得られません。悩み苦しんだ末に、修行をやめて世俗に戻ろうと考えるようになりました。

ソーナの心の迷いを知ったお釈迦さまが、ソーナに訊ねました。ソーナは悟りを得られない苦しい心境を、正直にお釈迦さまに打ち明けます。お釈迦さまは、彼が琴の名手であったことを思い出し「ソーナよ、琴を弾くときに弦を強く張ってしまうと良い音は出ないであろう。また弦の張りが弱すぎても良い音は出ないであろう。仏道修行も同じで、無理に修行を重ねても、冷静で沈着な心を得ることはできず、弛みすぎてもまた怠け心がわいてくる。ソーナよ、琴の音を調えるときのように、どちらにも偏らない素直な修行の実践が大切なのだよ」と教えました。

このように、調和がとれたところに中道があるのです。それは「0と100」のあいだの五十ではなく、七十三かもしれない。人によっては四十五かもしれない。このように、両極端な二つの対立軸でもなく、ちょうど真ん中ということでもなく、真実は不可思議で絶妙な偏りのない所にあるということです。

固定観念や両極端な考えをぶつけてしまい、他人と衝突したり、自分自身で苦しんでいたりする人は、一度その考え方から思い切って離れてみることをお勧めします。

Point

世の中には「白か黒か」「善か悪か」に二分できない複雑微妙な領域があります。両極端の二元的な思考はやめ、調和のとれた中道を求めてみましょう。

Buddhism

「自分らしさ」がなければいけないと思っている

無我

特徴 Characteristics

他人とは違う、「自分らしさ」を必死に探している。探せば探すほど、充実した「自分らしい」人生を生きている人が目につき、自分らしさを見出すことができないでいる自分に苦しむ。

自分の〝内側〟ではなく、〝外側〟に答えを求め、「自分探し」への焦りを抱きがち。

◉〈不幸まっしぐら〉の原因と背景

「自分らしさがわからない」――インターネットが発達し、ＳＮＳで他人の生活がよく見えるようになった現代で、とくに顕著に生じている悩みではないかと思います。人とは違う「自分らしさ」を求めて、多くの人が悩んでいるのではないでしょうか。

日常生活でも頻繁に登場する言葉にエゴがあります。これは辞書的な定義ではなく、私が感じていることですが、簡単に言うと「はからいのひとかけら」を意味するものです。人間は自分の存在価値を自覚することで自尊心を満たしたり、得をしたりするなど、心地よい感覚に浸れることを求めて生きています。それを満たそうとするうえで、たくさんの計算が生まれる。これが「はからい」です。

そして私たち人間は、親や友人、職場の同僚、上司など、関わる人のエゴを受け取りながら生きています。これは無意識のうちに蓄積されていき、私たちが何かを判断したり、選択したりするときに、影響を及ぼします。

たとえば、自分の将来を考えるとき。「独立して、自分のキャリアを築いていこう」と決断すると、「企業に雇われてサラリーマンとして生きていくほうが安泰だよ」という親のエゴの断片が心に生じては、邪魔をしてくるかもしれません。物を選ぶ場合でも、「これがいいな」と思ってみたけれど、「こっちのほうがいい」と言っていた友人やＳＮＳでのエゴがちらついてきて、「やっぱり別のものがいいかな」と迷ってしまう。自分のなかに蓄積された他人のエゴに振り回されていることが、迷いの原因だと言えるのです。

しかし、本当に自分を苦しめるのは、実は自分自身のエゴなのです。

「私らしさ」を求めようとすればするほど、〝他人とは違う自分〟を探そうと躍起になります。この、「他人とは違う自分であらねばならない」というエゴが、自分を苦しめています。

「私」「私らしさ」「私だけ」「私しか」という考え方は、人間が社会化していく過程のなかで、〝私〟というエゴを芽生えさせることによって出てきた、自分を惑わせる根源の一つです。テレビでも「あなたらしさを」とか「あなたの価値観を大切に」と言われたりしますが、〝もっていなければいけないと思うのに、もっていない〟から苦しいのです。

◉待ち受ける末路

実際には、そんなものはありません。

虫も動物も、自分たちのはからいなどもっていなくても、ちゃんと生きています。たとえば赤ちゃんは、生まれてきたときにはエゴがありません。だからお母さんと自分の区別がつかないのです。成長してくる過程で、「これはお母さんと呼ぶ存在らしい」、「これは自分のもの」で、「これは自分のものではない」といった区別をつけられるようになります。一事が万事、人間は自分たちに都合のよいエゴをぶつけ合って「ここからここまでは日本の領土」「ここから先は他国の領土」とさまざまなものに対しての区別をつけていきました。

そして、もともとなかった〝自分〟というものにも、何か〝自分らしさ〟のようなものを設けなければ生きている価値がないかのごとく、強迫観念を植え付けられてきたのです。

この強迫観念に縛られていると、身動きが取れなくなってしまいます。

◉仏教的な生き方にスイッチ

もともと存在しないものを探そうとしているのですから、苦しくて当然なのですが、いろいろな人がそれぞれの「はからい」の中で生きている世の中である以上、そこに順応していく必要があります。ここには善悪はなく、さまざまなエゴがあるという実相（事実）を受け止めることが大切です。

さきほども述べたとおり、他人の価値観に惑わされない〝私らしさ〟が、なければいけないと思っていることから苦しみが生じるのです。そこで、仏教の「無我」が重要になります。

「無我」とは「我を有しないこと」を意味し、簡単にいえば「私らしさ」を捨てた状態です。自分のなかに「私はこうありたい」という目標や、自分らしさを発揮できる道があるのであれば、大いにその道を歩めばいいと思います。しかし、もしも「私らしさ」が何かわからないならば、無我になって、「なんとなく直観で引かれたものに、流されてみる」のです。

『今昔物語』のなかに「わらしべ長者」という物語があります。

ある貧乏な男が、「お金持ちになりたい」という願いをもって、あるお寺で観音さまにお願いをしました。すると、観音さまから「はじめに手に触れたものを大事に持って、旅にでなさい」というお告げを受けます。男はさっそく歩いて旅に出ます。

歩き始めると、男は石につまずきました。そのとき、たまたま落ちていた「わらしべ」（藁《わら》の芯《しん》ないし屑《くず》）に触れました。「観音さまのお告げはこのわらしべのことだ」と思った男は、わらしべを大事に摑み、旅を続けました。

長くなるので割愛しますが、このわらしべに寄ってきたアブを縛ると、それを親子に譲り密柑をもらい、その密柑を、喉を乾かせた商人に譲り布をもらい、侍の家来に布を譲って病気の馬をもらい、馬を長者に譲って家を得ることになったのです。観音さまのお告げを信じて、たった一本のわらしべを大事にした男が、最後には家を得てしまうという話です。

この話で重要なのは、主人公の男にエゴがまったくないことです。観音さまのお告げとはいえ、摑んだものが藁だったら、「こんなもの」と思いたくもなります。ですが、男はなんの疑いもなくそれを信じました。ここに私たちが学ぶべきことがあると思っています。

これは実際に、世の中で成功者と言われている人にも当てはまることだと思っています。事業で失敗したり、挫折しそうなタイミングで、「これをやってみなさい」と誰かに言われ、なんとなく「やってみようかな」と心を惹かれ、それを信じて愚直に取り組んだ結果、「その人らしい」と言われるいまがあるということがあります。

私もそうでした。いまはお坊さんとして活動をしていますが、学生のころ最もなりたくなかったのがお坊さんでした。ほかになりたいものは何もなかったのですが、皮肉なことにそのお坊さんになっているわけです。当時の自分からみたら信じられないのですが、導かれるままに歩んできた結果だと思っています。

「私らしさ」とは何か、という苦しい問いに対して、最初に摑んだものが次につながっていく。そう信じて、「はからい」を捨てることも大切ではないかと思います。

Point

「自分らしさ」はなくてもいい。直観にしたがって、摑んだ縁を大事に一生懸命に取り組んでください。その先に「あなたらしさ」が生まれてきます。

Buddhism

負けてはいけないと思っている

不自讃毀他戒

特徴 Characteristics

社会的な自分の立ち位置が気になり、いつも競争心に駆られている。他人と自分を比較して、自分自身が優れていることを認識して安心感を得ようとする傾向にある。

向上心が強く、いつもライバルに勝たなければいけないという闘志を燃やして生きている。

◉〈不幸まっしぐら〉の原因と背景

「自分より優秀な人はたくさんいるとわかっているけど、他人に負けたくない」趣味でも仕事でも、他人よりも優れていたいと思うのが人間です。生きていれば、評価の面で誰かと比べられることが必ず生じてきますから、こうした悩みを抱える人は大勢いらっしゃると思います。

なぜ負けたくないと思うのか。私たちが常に競争に身を置く人生を生きていることも、一つの原因だと思います。受験、就職、コンクール、試験など、どれも通過できる枠が決まっていて、他人との競争によって優劣がつけられる社会を生きていかざるを得ないからです。そうして、「受かった私は、受からなかった人よりも優れている」と思うことで、人は安心感を得ようとするようになります。

安心感を得ようとするだけでなく、競争することがモチベーションになることもあります。「あいつよりも先に営業成績を上げたい」「平均よりも多く貯蓄をしたい」「あの子よりもイケメンの彼氏をゲットしたい」など、目標を掲げることによって自分を鼓舞し、知識を磨いたり、技を磨いたりしてチャレンジしていくこともあります。

◉待ち受ける末路

競争をモチベーションにすることは、一見するとポジティブな作用にも思えます。ですが、結局はそれが成し遂げられなければ落ち込み、成し遂げられれば誰かとの比較のなかで安心感を得られるだけなのです。

競争社会のなかで、人より頭一つ抜きん出ることによって得られる安心感は長続きしません。隣を見ればそんな自分より優れた人は山ほどいるため、きりがないからです。こうした状況で得られる自己満足感は、永遠に満たされることがないと言っていいでしょう。ですから、一つの山を越えたら、また別の山が見えてきて、登り始めることになるわけです。

たとえばボクシングで世界チャンピオンになったとしても、完全に満足感を得られるかと言えばそうではないのです。次から次に出てくる後進の挑戦を受け、いつまでもチャンピオンで居続けることは不可能でしょう。仮に、連勝したまま引退をしたとしても、いつかは記録を更新する選手があらわれるかもしれないのです。

つまり、「負けてはいけない」と思っている人には、勝利することすらできないあくなき競争に巻き込まれるという末路が待っているのです。

そうして「負けてはいけない」という気持ちが抑えきれなくなると、自分の力を誇示したり、誰かをおとしめたりすることで、相対的に自分の評価を上げようとする姑息な手段を講じるようになっていくのです。

◉仏教的な生き方にスイッチ

禅の戒律のなかに「不自讃毀他戒《ふじさんきたかい》」という戒があります。自分のことを自慢したり、おごり高ぶったりして自分自身を「自讃」しないこと、そして、他の人をさげすむ「毀他」をしないことを説いた教えです。

つい私たちは自分と他人を比べて、ほかの人より自分が優位に立っていることによって安心することがあります。「不自讃毀他戒」ではこのような心を起こさないことが自信を生むと考えています。

私がやっている空手では、試合に勝ったときにガッツポーズをすることを禁じています。私ははじめ、「試合のために努力してきて、ようやく勝ったんだからいいじゃないか」と思っていました。うれしいことに対して喜びを表現して何がいけないのかと感じていたのです。ですが、これこそが「不自讃毀他戒」の真の意味に通じていたことに、あとになって気がつきました。

自分が克服すべき相手というのは、自分の外にいる他人ではありません。

誰かに勝つということは、その時点において、勝者が弱者より優位であり、弱者が何らかの理由において劣っていたことをあらわしているにすぎません。もしかしたら相手が負傷していて、本調子ではなかったから勝てたのかもしれません。あるいは、単純に自分の方が実力が上だったということもあるでしょう。いずれの場合においても、自分よりも強い相手に勝っているわけではないのです。

では、本当に克服すべき相手はどこにいるのかといえば、それは「弱い自分」です。私たちが戦うべき相手、乗り越えたい相手はいつも「弱い自分」なのです。周りの誰かと勝負をして、「勝った」「負けた」と言っているうちは、勝った自分を「自讃」して、負けた相手を「毀他」しているに過ぎないのです。その事実を確認することによって喜んでいるだけなのです。

そうはいっても、何かの基準がなければ、私たちの心は安心感を得られません。そこが人間の弱いところでもあるのですが、一つ、処方箋があります。それは、「謙虚さ」を尺度にもつことです。競争のなかにあっても、自讃したり、他人をさげすんで毀他したりすることなく、心を清らかに保つことができたかどうかに意識を向ける。そうして謙虚さに磨きをかけていくと、他人に勝ったか負けたかはどうでもよくなります。「謙虚さ」を尺度にもつことの効能は、「自讃毀他」をしていたときには見えなかった気づきが得られることです。見ているもの、住んでいる場所、働いている場所は変わっていないのに、まったく違うものに見えてくるのです。具体的には、負けたくないと思っていた相手が、自分とは異質な存在であり、ユニークな存在に思えてくるので、そこに心理的なイノベーションが起こってくるのです。

本当に優秀で、他に引けをとらない人物は、自ら競争に勝とうとあくせくしなくとも、おのずとその魅力が光り、注目されるものです。他人に負けたくないという気持ちが捨てきれずに苦しんでいる人は、ぜひ謙虚さに磨きをかけてください。そこには競争社会のなかにあって、勝ち負けがない、生きやすい世界が展開されていきます。

Point

磨くべきものは、他人を打ち負かす知識でも能力でもありません。謙虚さに磨きをかけ、あくなき競争社会からは一刻も早く抜け出してください。

column

死に際にあらわれる生き方

福厳寺に生まれた私は、三歳で経本を渡され、五歳のときには葬儀に出ていました。お経をあげるわけではありませんでしたが、幼い私にとって葬儀は長時間座っているだけの退屈な時間でした。退屈しのぎに弔問者の顔を見ていて、ある違和感を覚えました。人が亡くなっているため、悲しい葬儀であることは間違いないのですが、どことなく「冷たい空気」が流れていたからです。違和感の正体は、大人になってから理解することができました。

葬儀には「幸せな葬儀」と「不幸な葬儀」があると思います。違いは、参列者が真心で故人を偲んでいるか、義理で参列しているかです。大人になり、地元でも名高い企業の社長さんが亡くなられたとき、その方の葬儀で「冷たい空気」の正体がわかりました。

大きなホールを貸し切って行なわれた葬儀で、参列者も多かったのですが、〝故人を偲ぶ思い〟が感じられないのです。大人の対応として、義理で参列している。そう感じさせる雰囲気がありました。

福厳寺の住職を務める傍らで、私はいくつかの事業を経営しています。ビジネスの世界では「儲かるか」「儲からないか」という損得勘定で物事を考えざるを得ないこともあります。それゆえに、経営者や事業の責任者など、業績を上げることに責任ある立場の人はとくに、自分自身の心のあり方をよく見つめる必要があります。「とにかく儲けないと」という思いこみをもっていると、他人と衝突することになるからです。

事業が大きくなれば、従業員を雇うこともあるでしょう。すると、給料を支払うことになりますから、なるべく提供する賃金は安くし、最大限の働きを求めようとします。このこと自体は至極当然ではあるものの、自社の利益を最大限にすることを意識しすぎるあまりに、無理な残業を課したり、休みも最小限しか与えず、気を抜いている社員がいれば叱責したりと、社員を大切にできないようになっていきます。

一方の従業員の立場から考えれば、もらえる給料が変わらないなら、なるべく楽をして働きたいのが本心でしょう。手当のでないサービス残業などしたくありませんし、休みだってもらいたい。お互いが自分たちの価値観を主張し合えば、対立が起こるのです。

社長という権威ある立場の相手に対し、従業員は表立って楯突くわけにはいきませんから、表向きは敬意をあらわしてくれるでしょう。ですが、そこに真の信頼関係は構築されることがなく、あるとき従業員が静かに辞めてしまうということも珍しくないのです。「冷たい空気」を感じた葬儀をされたのはワンマンで有名な会社だったため、参列者のなかには苦い思いをされた方もいたのでしょう。社員をないがしろにしてしまった故人の行動の結果とはいえ、真心からの祈りをしてもらえないのは、あまりに悲しい最後です。

一方で、九十歳で亡くなられた檀家のお婆さんのご葬儀では、心温まる場面に出会うことができました。旦那さんもご友人もすでに亡くなられていたため、家族の希望で小さな家族葬を執り行なったのですが、葬儀が始まってみると、弔問客が後を絶たないのです。どこから聞いてきたのか、郵便配達員まで駆けつけてきました。お話を伺うと、畑仕事をしているお婆さんの前を通るとき、暑い日はジュースをくれたり、畑で採れた野菜をもたせてくれたりと、とにかく親切の限りを尽くされた方だったそうです。そんなお婆さんの一面を知らなかった家族も感動し、私にとっても、忘れられない葬儀になりました。

このお婆さんにはきっと損得勘定などなかったと思います。暑いなかで一生懸命仕事に励む配達員の姿を見て、思わずとった行動だったのではないでしょうか。その人の生き方は、亡くなってからその真価を見いだすことがある――いまを生きる私たちは教訓にして生きていきたいものです。

第六章

チャンスを摑めない人

Buddhism

Buddhism

できない（やらない）理由を探す

正師

特徴

Characteristics

向上心があって目標を立てるところまでの動き出しは早いが、いざ行動に移そうと思っても重い腰があがらない。そんな自分を正当化するため、できない（やらない）理由を探し、結局実ることがない。

天職や自分に合うものとの出会いを信じ、同じ失敗を繰り返してしまう。

◉〈不幸まっしぐら〉の原因と背景

どんなことでも、何かに取り組むには時間と努力が必要です。「難関資格にチャレンジしてスキルアップを図ろう」「五百万円貯金しよう」「今年は五十冊本を読もう」など、前向きに計画していても、いざ取りかかろうとすると思うようにはかどらないことがあります。

やがて、「いまは別にやらなければならないことがあるから」「この仕事が一段落したら考え始めよう」とやらない理由やできない理由を考えて先延ばしにしてしまうのです。

これは誰にでも起こりうる行動で、いくつかの原因と背景があります。一つは、「本気でやろうと思っていない」ということです。「こんな自分になりたい」という理想像ばかりが先行し、現実との距離があまりにも離れていると、絵空事で終わってしまいます。

もう一つは、「何をどうやっていいかがわかっていない」場合です。現実と比較して無理のない目標を掲げることはできていても、目標までのプロセスが見えていなかったり、取り組むべきことやり方が摑めていなかったりします。

「そんなの気合いと根性でがむしゃらにやればいいんだ」と思う方もいらっしゃるかもしれませんが、自分の意志が弱ければ、取り組む意欲も生まれません。どんなに意志が強くても、努力の仕方がわからないと、やらなくていい理由探しに走ってしまうのが人間の愚かなところなのです。

◉待ち受ける末路

自らが立てた目標にいつも言い訳をして逃げているため、不完全燃焼の状況が続きます。「また達成できなかった」「チャレンジすることを諦めてしまった」というネガティブな気持ちだけが自分のなかに蓄積し、次第に自信を失っていくことになります。

すると、ますます言い訳をして困難に立ち向かうことから逃げる消極的な人間になっていきます。一番問題なのは「どうせ自分は何をやってもダメだからな」と自分を卑下するようになることです。チャレンジする前から諦める癖がついては、何をしても楽しさを感じられなくなってしまいます。

◉仏教的な生き方にスイッチ

物事を成就させたいと思ったら、いかに本気になるかが大切です。そして、本気になったら、逃げられない状況をつくってしまうといいでしょう。

そのために有効なのが、師をもつことです。仏教では悟りへの修行をする過程で、「正《しょう》師《し》」に就くことを大事にしています。「正師」とは、仏道を正しく教え導く人で、いわばその道のプロです。仏道に限らず、成し遂げたい目標があるときには、成功した経験をもつ人に指導してもらうのが一番だと思います。

そのためには正師を見つける努力が必要になります。実は、この師を求めていく過程こそが、物事を成し遂げるうえで非常に重要なことだと思っています。それは、「理想と思える師」の人物像を思い浮かべることで、自分が何かを手に入れたいと思う動機が明確になり、どこまで努力しなければいけないかの具体的なイメージができるからです。

そのときに大切なのは「師匠選びは迷っていい」ということです。師という言葉から、「一度ついて行くと決めた師匠には、死ぬまで師事する」というイメージを連想するかもしれません。それが理想的なようにも思えますが、私は、いま就いている師よりも、自分に合う優れた師に出会ったらならば、師を変えていくことも必要ではないかと思います。厳しく叱ってくれるタイプが合う人もいれば、優しく導いてくれる指導が合う人もいる。そして、自分が指導を受けてみなければ向き不向きはわからないのです。「この人だと、心に決めた師に出会うまでは……」と物事を始めない言い訳をつくらないためにも、柔軟に考えることをお勧めします。

ちなみに、お釈迦さまも悟りに至るまでの道程で師を何人も訪ねていらっしゃいます。その師のもとで疑問が解決しなければ、執着することなく別の師を求められたのです。そうして最後には、ご自身で創意工夫を凝らして修行し、悟られたわけですが、では最初の師の学びは無駄だったのかといえば、そんなことはありません。その時々の師の教えが、次のきっかけを生み出しているはずだからです。

もう一つ、正師に就くことが大切な点は、「やらない理由」を考えることから、「どうしたらできるか」を考える思考にスイッチすることだと思います。師は弟子の良いところを伸ばし、悪いところを指摘してくれます。その指導に従うことで弟子は成長するわけです。弟子は、示された道やステップを、「いかにしてクリアするか」に集中するため、逃げる言い訳を考える暇さえ与えてもらえないかもしれませんし、師の指導のもとで一つひとつ課題をクリアする成功体験が自信につながり、逃げ癖も改善されていくことでしょう。

仏教で道を求めることを「求道」といいますが、絶えず求めていくことが成功には欠かせないのです。「正師」を求め、成功への道をひた歩む努力を心がけてもらいたいと思います。

Point

自分に合う師は必ずどこかにいます。求道する心を忘れず、逃げ場のない状況をつくれば、必ずいまの自分を変えていくことができます。

Buddhism

習慣化できず、すぐに諦める

醍醐

特徴 Characteristics

新しいことへの挑戦意欲は高く、それを実践する行動力もあるが、壁にぶつかるとすぐに諦めて投げ出してしまう。何をやっても、ある程度の能力を身につけられる「器用貧乏」な人もいるが、移り気でいろいろなことに手を出し、一つのことを極めることができない。

◉〈不幸まっしぐら〉の原因と背景

何かに挑戦しても「これぐらいでいいか」とか、「俺には向いてないな」とすぐに諦めてしまう人がいます。なぜ、物事をすぐに諦めてしまうかといえば、〝諦めてないから〟なのです。言葉遊びのようで戸惑う方もいらっしゃるかもしれませんが、仏教で「諦める」とは、「あきらかにすること」を意味しています。

少し話が脇道にそれますが、お釈迦さまは、私たちが生きる世界は「一切皆苦《いっさいかいく》」であると説かれています。私たちがこの世に生まれてから、死ぬまでの一切が苦であるとあきらかにされました。たしかに、私たちの人生には苦が尽きないわけですが、その尽きない苦をしっかりと諦める（あきらかにする）ための教えとして、「四諦《したい》」があります。

「四諦」は「苦諦《くたい》」「集諦《じったい》」「道諦《どうたい》」「滅諦《めったい》」の四つをあきらかにすることで、苦を滅していくプロセスを説いています。簡単に説明すると、「苦諦」とは、まずは「自分は苦しみを抱えている」ということをあきらかにし、自覚することです。「集諦」は、無知や執着など、苦の原因が何かをあきらかにすることです。そして「道諦」で苦を滅していく〝道〟として「八正道《はっしょうどう》」の教えを実践することが説かれます。「八正道」とは「正見《しょうけん》（正しい見解）」「正思惟《しょうしゆい》（正しい決意）」「正語《しょうご》（正しい言葉）」「正業《しょうごう》（正しい行為）」「正命《しょうみょう》（正しい生活）」「正精進《しょうしょうじん》（正しい努力）」「正念《しょうねん》（正しい思念）」「正定《しょうじょう》（正しい瞑想）」の八つの正しい行ないによって、悟りをめざす修行のことです。そうした修行の末に、苦しみが消滅した「滅諦」の状態をめざすというプロセスになっています。

物事を長く続けることができず、すぐに諦めてしまう人は、「ギブアップ」の意味で諦めているようでいて、実は「なぜ、続かないのか」という原因をあきらかにできていないがために、匙《さじ》を投げてしまっている場合も少なくないのです。

◉待ち受ける末路

さきほどの「四諦」の話にあてはめると、「面白くないし、難しい」という自覚（苦諦）はできていても、それが能力不足によることなのか、そもそもの取り組み方が間違っているからなのかなど、原因を深く究明していない場合もあります。これは非常にもったいないことだと思います。

物事をすぐに投げ出してしまうと、いつまで経っても成功体験を積めないため、成長できなかったり、あるいは自信を失っていったりもします。次第に、「俺には才能もセンスもないんだ」と自分を卑下するようになり、苦しみを克服することができない状態が続きます。

自分が積極的に高みをめざそうと取り組むことなら、投げ出してしまうことの影響は比較的少ないのですが、仕事など、他人に求められる水準の成果を出すことができないとなれば、評価や職場での人間関係にも影響が出るため、二次的、三次的な苦しみを生むことにつながっていきます。

◉仏教的な生き方にスイッチ

「四諦」のプロセスに沿って、まずは「苦」を抱えていることの自覚と、原因の究明が必要です。ですが、たとえ原因がわかっても、克服するための正しい実践方法がわからなかったり、成果につながらなかったりすると、また新たな苦に直面することになります。どんなことでも、成果をあげるには大変な苦労が伴います。努力が必ずしも実るとも限らない厳しさもあるでしょう。しかし、その苦にしっかりと向き合って、絶えず努力した先に、必ず面白さを味わえる瞬間が待っていると私は思っています。

仏教語に「醍醐《だいご》」があります。よく「醍醐味」という言葉で使われますが、この「醍醐」は、牛や羊の乳を精製した甘みのある液汁のことで、乳を発酵する五段階の過程（五《ご》味《み》）の一つです。「乳《にゅう》」「酪《らく》」「生酥《しょうそ》」「熟酥《じゅくそ》」の順に上質なものになり、最後の「醍醐」が最も上質な味をもつ美味だとされています。仏教経典では、この五味を用いて、浅い段階の教えから深い教えまでがあることを説明しています。これが転じて、物事の真骨頂といいますか、熟練の末に味わえる面白みの意味で使用される言葉になっています。

人間の成長は人それぞれです。「これだけ努力したら、ここまで到達する」と簡単に推し量ることができるほど、物事は単純ではありません。それゆえに、人によって醍醐味を味わえる時期は異なるわけですが、醍醐味を味わえるようになるまで、ぜひ続ける根気良さを養ってほしいと思います。

物事はたいてい、取り組み出したときには面白みを感じられるものです。見聞きすることの多くが新鮮であり、自分の興味関心の熱も高まっているからでしょう。しかし、ある程度続けていくと、とたんに飽きてしまうときが来ます。ここで踏ん張れるかどうかが、その後の醍醐味を味わえるかにかかっているのですが、残念ながら多くの人が挫折してしまいます。

成長は必ずしも右肩あがりにはなりません。長い停滞の末に、ポンッと跳ねあがるように成長することもある。「醍醐味」を味わうためには、絶えず創意工夫を重ねることと、辛抱の上に辛抱を重ねる根気が必要です。

ひとたび、醍醐味を味わえれば、今度は苦を味わうことがその先の醍醐味の大きさを想像させ、簡単には物事を諦めなくなる胆力を養ってくれます。もしも、いま取り組んでいることに苦を感じているのであれば、その先に待つ醍醐味を味わうために、精進・努力していただきたいと思います。

Point

苦の先に最高の醍醐味があります。創意工夫と辛抱という努力で、少しずつ前進を心がけましょう。

楽な道を選び、チャレンジしない

勇猛心

特徴 Characteristics

人生経験を積んでいるため、上手な「手の抜き方」を心得ている人が多い。それゆえに自分が成長することや何かにチャレンジする気概を失っており、とにかく平穏無事で楽な道を歩むことを最優先に考えている。

心のどこかで、火をつけてくれる存在を探していることも。

◉〈不幸まっしぐら〉の原因と背景

「水は低きに流れ、人は易きに流れる」――中国の思想家・孟子の言葉です。何をするにしても、つい「楽をしたい」と思ってしまうのは、ある意味では「普通」の感情であり、多くの人が考えがちな発想ではないでしょうか。

人間は、環境が変わるなど、自分を無理に変化させられることにストレスを感じます。仕事でも日常生活でも、いつもやっているリズムで過ごせるほうがストレスは少なく、なるべく現状維持でいるほうが心地よいのも事実でしょう。

一方で、「このままでいいのだろうか」と、いまある現状に不安が生じてくると、自分を変えたいと思うのも人間です。突如として何かにチャレンジしたい気持ちがふつふつとわいてくる、ということもあるでしょう。挑戦のその先で、新しい環境下にいる自分を想像することは楽しいことですし、人間は未来に希望をもつことで、幸せを感じることができる生き物でもあります。

しかし、たまに思い切って何かにチャレンジしても、うまくいかなかったり、成功している他人を傍目にみたりすると、「どうせ自分には何も成し遂げられない」と卑屈になり、次第に自信と意欲が失せてしまうことがあります。気をつけたいのは、こうしたことが続くと、「諦め癖」がついてしまうことです。

また、年齢を重ね、経験を積んでいくと、いい意味でも悪い意味でも「慣れ」が生じます。「これにはこれくらいの労力がかかるな」と感覚でわかるようになり、いかに負荷をかけずにこなしていくかを瞬時に頭のなかで計算するのです。他に注力すべきことがあって、効率性を追求するのは構わないのですが、目的が「易きに流れる」ことだと考え物です。

つまり、人間は変化を嫌い、現状維持でいることに心地よさを感じる一方、「このままでいいのだろうか」という不安が生じると変化を望む。この二つの感情が揺れ動くなかで、「変わりたい、けど変われない」状態が生まれていきます。次第に、楽な方法を選び生きていくことで満足するようになっていくのです。

◉待ち受ける末路

人間は足りないことを補っていく過程で成長していきます。自分の器量に収まることしかやっていなければ、器がそれ以上に大きくなることはなく、成長は見込めません。

自己肯定感のレベルは低い人でも、楽なことばかりをやっていて本当に満足しているかというと、案外そうでもないようです。変化のない日常や、挑戦する意欲がわかない状況下では、人はモチベーションを高く維持することができないからです。心のどこかで、「自分もこのままではいけないな」と思ってはいるものの、「慣れ」が災いして、現状を変えるために奮起できるエネルギーを失っています。これが危険な末路につながる厄介なところで、人はいちど楽な道を選択してしまうと、簡単には戻れなくなるのです。「いつかはチャレンジしよう」と思っているうちにどんどんと月日は流れていきます。いよいよ焦りを感じて、難しいことにもチャレンジしなくてはいけない状況になったときには、選択肢が少なくなり、また逃げてきた分だけ求められるハードルが高くなっているという末路が待っています。

◉仏教的な生き方にスイッチ

筋肉が負荷をかけることで少しずつ大きくなっていくように、人間が成長するときにも負荷は必要です。面倒で手のかかる仕事や、自分にはできないかもしれないと思う仕事でも、勇気をもって引き受け、少しずつ技量を高め、キャパシティを広げていく必要があります。

日本屈指の名経営者・稲盛和夫さんが京セラを立ち上げた当初、実現できるかどうかわからない仕事も積極的に引き受けて、なんとかやり遂げることで成長していったという話を著書で語っておられました。稲盛さんは、「無謀すぎる安請け合いだったかもしれない」と回顧されていますが、その姿勢を貫いたことが世界に名だたる京セラを創った要因だったはずです。

仏教語に「勇猛心《ゆうみょうしん》」があります。勇猛精進ともいいますが、「勇ましく強い態度で難行も進んで修めること」を説いた教えです。京セラの稲盛さんのように、「できるかどうかわからないけど、引き受ける」「引き受けたからには必ず成し遂げる」という勇気と強い意志をもって、ひたすらに努力精進する。できないのに引き受けて、無責任に放棄するようであっては困りますが、あえて困難な道を選択することによって、結果的には自分の経験値や選択肢が増えていくことになるのです。

そしてこれは、なるべく若いうちに経験したいものです。人間年を重ねるごとに、降りかかってくる人生の課題も重くなります。人生を航海に例えるなら、若いうちに自分の船を大きく、そして強くする努力をしておくことです。船が大きければ、年をとって荒波が押し寄せてきても、乗り越えていくことができるからです。もしも易きに流れ、小さな筏《いかだ》のまま航海を続ければ、波に揉《も》まれ、いとも簡単に転覆してしまうでしょう。「そうはいっても、稲盛さんの例は限られた人間の話だ」と思う方もいるでしょうが、そんなことはありません。稲盛さんご自身の言葉ですが、人間にはそんなに大きな能力差はないのです。

では、何が人間を分けるかといえば、「やるか」「やらないか」の決断をするかどうかと、どれだけ真剣に、勇猛心をもって物事に臨むか否かの違いだけだと思っています。

個人差は多少あったとしても、時間をかけてコツコツと努力していれば、能力は必ず向上していきます。自分を信じ、勇猛心をもって飛び込めばいいのです。

Point

「面倒だな」と思ったその瞬間が、勇猛心を養うチャンスだと思いましょう。

Buddhism

影響力がある人の発言を鵜呑みにする

サラリーマン時代は
終わりました!
これからは
不動産投資です!!
そうか!
これで俺にも
不労所得が!

自灯明・法灯明

特徴
Characteristics

物事を自分の頭で考えて決断するのが苦手なため「これをやれば間違いない」という力強い言葉に安心感と勇気を覚え、鵜呑みにしてしまう。流行に乗っているかのように錯覚しているが、人生における重要な決断をも他人に委ねていて、危険な橋を渡っていることに気がついていない。

◉〈不幸まっしぐら〉の原因と背景

近年、ＳＮＳが社会に浸透し、「インフルエンサー」と呼ばれる職業が生まれました。強い発信力をもち、人々に影響を与える人たちのことを指した呼び名です。最近では、ファッションモデルだけでなく、カリスマ経営者や普通の大学生グループなど、多岐にわたるジャンルでこのインフルエンサーが増えているように感じます。彼らが動画等で紹介する商品はインターネット上で大きな反響を呼び、すぐに在庫が無くなってしまうものもあるようです。

危険なのは、こうした人たちの言うことを妄信的に信じてしまう人がいることです。洋服やお菓子など、趣味の範囲でインフルエンサーが紹介しているものを購入する分には大きな危険はありませんが、投資など、多額のお金が絡むこととなると、危険性は一気に増します。

「サラリーマンの時代は終わった。マンション投資で不労所得を得よう」「これからは投資の時代。小さな会社を買収してＭ＆Ａで大きくすれば、オーナー経営者の仲間入りだ」「いま仮想通貨を買っておけば十年後には間違いなく倍額になる」など、「あのインフルエンサーが言っているから」と鵜呑みにして行動してしまう人も少なくないようです。

「いやいや、会ったこともない人の意見を鵜呑みにしたりしないでしょ」と考える人もいるでしょう。ですが、残念ながら世の中では鵜呑みにして痛い目を見てしまう人が少なからずいるのです。

私たちが意図していないところで、年齢や性別、趣味・趣向や考え方などのあらゆる情報が、スマートフォンを通じて分析されています。そして、さも自分から求めてたどり着いたかのように思える方法で、日々あらゆる情報を受動的に受けとっているのです。能動的に情報を求めていたつもりが、いつの間にか誰かが恣意的に発信する情報を与えられ、さも探していた情報にたどり着いたかのような錯覚をしてしまうのです。よく知らないはずのインフルエンサーの発言も、初めて聞いたような気がせず、親近感を覚えて信用してしまう、ということが起こりうるのです。

これはあくまでわかりやすい一例にすぎませんが、実際には言葉で説明することも難しいようなアルゴリズムによって、私たちは無意識に情報を刷り込まれています。すると、自分で物事を考える能力がだんだんと衰えていってしまうのです。それゆえに、投資や転職などのライフプランなど、しっかりと後先を考えて長考することが大切な決断も、誰かの発言に影響されてよく考えずにしてしまうことになるのです。

別の話でもお伝えしたとおり、私たちの脳は、自分が欲している情報を得ようというバイアスのもとに働いているのですが、それを意図的にコントロールしている存在がある、くらいに考えても過言ではないと思います。考える力が衰えた人にとって、力強く決断を下すための材料を提供してくれる人は非常に頼もしく思えますから、妄信的に信じることにつながっていくのです。

◉待ち受ける末路

自分が誰かの考えに強い影響を受けていることを自覚できないと、ますます自分で考える能力が衰えていきます。強い意見を言ってくれる人が、頼りがいがあるように見えたら要注意です。なるべく自分で考えなくてもいいような、楽な道（その先には大変ないばら道があるわけですが）へ片足を入れているサインだと思ってください。初めは小さな意思決定へのヒントを求める程度だったのが、次第に、自分の人生にとっての重要な決断でさえも、他人に判断を委ねるようになっていく末路が待っています。

資本主義社会のもとでは、多くのことがお金で動いています。これはＳＮＳに限らず、日常のサービスでも同じですが、企業は自社の商品を購入してもらうために、いかに消費者が「考えないようにするか」を考え、宣伝のための努力と工夫を凝らしています。たとえば、「老後二千万円問題は、マンション投資で解決」「サプリを飲むだけで、つらい腰痛がなくなります」など、にわかには信じがたいことでも「老後の不安がこれで解消されるならやってみようかな」「飲むだけで腰痛がなくなるならうれしいわ」と、あまり深く考えずにサービスにお金を払うように仕向けているのです。ここには怪しくて極端な例をあげましたが、もちろん、優良なサービスもあります。ここで指摘しているのは、宣伝文句も含め、耳当たりのいい他人の言葉を鵜呑みにすることで、利用されたり、決断を誤ったりするリスクが大きくなっていくということです。それを防ぐためには、自分自身で経験を積み、しっかりと自分ごととして物事を考える訓練が必要なのです。

◉仏教的な生き方にスイッチ

お釈迦さまが涅槃《ねはん》に入られるとき、阿難《あなん》という弟子が次のような質問をしました。「釈《しゃく》尊《そん》亡きあと、私たちは何を拠り所としたら良いのでしょうか」。阿難は誰よりもお釈迦さまの近くにいて慕っていた弟子の一人ですが、いざ釈尊が入滅されるそのときを迎え、不安になったのでしょう。そんな阿難に対して、お釈迦さまは「自分自身を灯明《とうみょう》としなさい」「法を灯明としなさい」と説かれます。これを「自灯明・法灯明」の教えといいます。

絶大な影響力をもって修行僧や衆生を教導していたお釈迦さまは、「私の教えを信じなさい」とはおっしゃりませんでした。弟子が自分自身を信じること、そして真理である法を拠り所にしなさいと説かれたのです。

カーストの階級制度など、当時のインド社会の文化的な背景もありますが、他人を拠り所にすれば他人の〝奴隷〟となり、他の人の人生を生きることになってしまうと、お釈迦さまは考えられたのだと思います。あくまで、自分の人生の舵は自分で取ること。最終的な決断をするのはいつも自分であり、その自分が拠り所にしていいのは、絶対普遍の真理だけだと心得ておくことが大切なのです。

そう考えれば、自分ではない他人の意見を鵜呑みにすることがいかに愚かなことかがわかります。あなたの人生の決断を他人に委ねたりしてはいけないのです。

Point

自分の人生の舵は自分でとりましょう。決して、他人に委ねてはいけません。

悪い習慣を変えられない

Buddhism

行持

特徴 Characteristics

頭では怠惰な自分や変われない自分の弱さを自覚しているが、現状維持を無意識に望んでいるため、行動することができない。たまに思い立って行動してみるが、三日坊主で終わってしまう。自信を失っていき、変えようという努力を放棄してしまいがち。

◉〈不幸まっしぐら〉の原因と背景

「早く寝なければいけないとわかっているけど、スマホを見て夜更かししてしまう」「タバコやお酒を控えたいと思うけど、やめられない」「先送りにしてはいけないとわかっているけど、集中して取り組むことができない」――人間は、理想的な状態を求める生き物でありながら、こうした悪習慣を変えられないで悩む愚かな生き物です。

生活における習慣だけでなく、「つい不満を言ってしまう自分を変えたい」「誰かと一緒じゃないと何もできない自分を変えたい」と、性格そのものを変えたいという悩みをおもちの方も、相談者のなかには大勢います。

「わかっているけど、できない」。これがまっとうな人間だということを初めに伝えておきたいと思います。変わりたいのに、変われないという悩みを人間が抱え続けてしまう最大の原因は、「自分の意志で変えられる」という誤解から生じています。

残念ながら、人間は良くないと思っている習慣を自分の意志で変えられるほど強い生き物ではないのです。このことを理解せずして、人は変わることができないと思っていいでしょう。

もう一つ、変われない人がもつ原因があります。それは、「本気で変わりたいと思っていない」ということです。つまり、変わる覚悟がない。「どこかにある『方法論』が、ダメな自分を変えてくれるのではないか」という甘えが背景にあります。

◉待ち受ける末路

そもそも本気で変わりたいと思っていない人は、その時点で自らを変えることは困難でしょう。しかし、たとえ意志があったとしても、自分の意志によって変えられると信じ、やみくもに挑戦しては失敗を繰り返すだけです。すると、次第に人間は自信を失っていきます。「自分はなんて意志が弱い人間なんだ」「一生、この怠惰な性格は直らないのかもしれない」「自分は、できる人とは違う人間で、いつまでも成功することはできないんだ」と卑屈になっていくのです。

今度は、挑戦すること自体をやめてしまうことになります。かといって、完全に諦めることもできず、心はよくない習慣をもっている自分自身を受け入れられないため、「このままではダメだ。変わらないといけない。でも、できない」という強烈なストレスに身をさらし続けることになります。

たとえば、夜眠りにつくことができず、朝も早く起きられない。学校や仕事にも遅刻する癖がついてしまい、早く悪習慣を変えなければ社会的な信用も失いかねない深刻な悩みの場合もあります。これは心身に多大なストレスを与え、状況をより悪い方向へ向かわせることにもなりかねません。

◉仏教的な生き方にスイッチ

では自分の意志で変えられない習慣をどう変えたらいいのか。それは、環境を変えることです。環境を変えるのが有効なのは、いままでの習慣が崩れることにあります。何も考えずに過ごしてきた習慣を、新しいよき習慣に上書きしていくチャンスがそこに生まれるのです。

道元禅師の教えに「行持《ぎょうじ》」があります。これは、禅僧にとってはとても大切な教えであり、この行持がすべてといっていいほど欠かせないものです。行持とは、わかりやすくいえば、日々の自分の習慣のことです。話す言葉の習慣、心に何かを思う習慣、何かをする習慣など、すべての行ないや活動を示します。

道元禅師は、僧侶が真に僧侶たり得る存在であるかどうかを左右するのが、この「行持」であると考えました。なぜなら、心に思うことが言葉にあらわれ、行動につながっていくからです。だからこそ、一つひとつの「行持」を徹底的に見つめて、丁寧に真剣に行じていきなさいというのが道元禅師の教えだったのです。

修行僧がなぜ出家をするかといえば、これまで身に着けてきた世俗的な考え方やなにげない悪い習慣を変えるためにあります。朝は早く起き、食事の時間から掃除、洗濯などあらゆる行ないを決まった型のなかで、しかも集団で実践していく。ここに自分の悪い習慣を入れ込む余地はありませんし、自分を変えようという意志すら必要なく、いやおうなしに新しい習慣を植え付けられることになるのです。

仏道だけでなく、武道でもスポーツの世界でも、あるいはビジネスの世界でもそうですが、超人的な習慣力をもっている人の多くが、そうなりたいという願いをもって環境を変えているのです。自分の意志だけでは変えられない弱さを知っているがゆえに、強くなりたいボクサーはジムに入会します。強くなりたい空手家は、よい師のいる道場に入門します。彼らに強い意志があれば、ジムにも道場にも行く必要はなかったはずなのです。

実家で暮らしていて、家族に甘えてしまう習慣を変えたい人は、「一人暮らし」をすることもいいでしょう。自宅では勉強に集中することができない人は、学びたいことに精通した先生を探し、その人のもとへ学びに行くことでもいいかもしれません。朝早く起きることを習慣づけたい人は、朝活に参加して、「起きて行かざるを得ない状況」を作り出すことも大事だと言えるのです。

もしも、物事がうまくいっていないと感じている人は、自分の日々の習慣がそもそも「うまくいかない習慣」になっているのだと思う必要があります。まずは自分を苦しめている悪習慣が何なのかを見つめる。そして、これまで自分が身につけてきた小さな悪習慣である「行持」を、ぜひ崩せる環境に身を置いてみてください。

Point

人間の意志は決して強いものではありません。変えたい自分がいるなら、変わりたい姿をしている人と同じ環境に身を置くことです。

column

大事なことは「神頼み」

仏教というと、仏さまを拝む信仰をイメージする方が多いと思います。そのような一面もたしかにありますが、お釈迦さまご在世当時のインドでは、超人的な外部の力に頼るのではなく、むしろ自らの努力によって自分自身の問題を克服していくことが重んじられ、そこから仏教が興ったのです。当時の人々は、自分自身が正しい智慧を身につけ、真理をあきらかに見て生きることを目指していたのです。

ですが、現代人が神仏を拝むのは、年始の初詣に始まり、受験の合格祈願、安産祈願、縁結び、商売繁盛など、お願いごとがあるときが多いのではないでしょうか。毎年、神社仏閣を訪れて手を合わせる多くの日本人が、自分たちを「無宗教」であると考えているので不思議です。

なぜ人間は神仏を拝むのか。それは「自分自身が無力で非力な存在である」という自覚を、心のどこかでもっているからです。自分の身に危険が迫ったり、大切な人が死に瀕していたりすると、「神さま、仏さま、どうかお助けください。この願いのためならなんでもします」と、藁にもすがる思いで神仏に救いを求める。自らの無力さを感じ、外部の大きな力に頼ろうとする人間像が象徴されています。

絶対的な存在を拝むこと自体は、決して悪いことではありません。それでこそ、世界中で信仰が広まり、人々がより幸せに生きるための努力がなされるからです。ですが、自らは努力をせず、〝困ったときの神頼み〟のように神仏をとらえるのは考え物です。

望みが叶わないと「なんだ！　神さまも仏さまもいやしないじゃないか」と逆恨みし、冷静に現実を受け止めようとしなくなります。あるいは、望みが叶ったら叶ったで、「神仏への願いが通じた！」と喜び、もっと努力をしなくなるかもしれません。神頼みも度が過ぎれば、自分自身の課題に自分で努力して立ち向かっていくことができなくなるのです。

神仏だけでなく、最近は占いや手相などを信じる人も増えています。「今日のラッキーカラー」を見て身に着けるものを決めたり、あるいは自分の人生の大事な選択を、占いや手相の結果で判断したりする。自ら悩み苦しんで考えることから、知らずしらずのうちに逃げる癖がついてしまい、自分の人生を自分自身の足で歩めなくなるのです。

では、神仏に頼らず、すべて自らの決断で物事を判断すればいいのか。それも間違いだと思います。先述のとおり、「私たち人間は無力で非力な存在である」という謙虚な姿勢は、どこまでいってても捨ててはいけないものなのです。そこで、私たちにとって大切なことは、神仏への向き合い方を再定義することだと思います。

具体的にどう再定義するか。それは、神仏に「すがる」のではなく「誓願する」気持ちで向き合うことです。

教会や神社・仏閣に行くと、非日常的な空間と神仏の存在を意識するからか、神聖さが感じられます。どこかに安らぎを感じながらも、それでいて自然と背筋が伸びるような厳かな雰囲気が味わえる。この神聖さのなかで、お願いごとをするのではなく、神仏に自らの目標や願いを述べ、「私は目標達成のために精一杯の努力をします。どうかご照覧くださいませ」とお誓い申し上げるのです。そして、その約束を果たすために、自らの努力に励めばいいのです。

加持祈禱《かじきとう》という言葉がありますが、この「加持」は仏の慈悲心が常に衆生に注がれていることを意味する「加」と、その慈悲心を良く感じ取ることができることを意味する「持」を合わせた言葉です。自らは最大限の努力をし、それでも拭えない不安や弱い心が生じたとき、神仏に努力を誓願すると、神仏の深い慈悲心に抱かれていることを感じながら、安心して精進できるということでしょう。

おわりに

悟りを開く人の条件として、仏教では「精進努力すること」「不安であること」の二つが掲げられています。精進・努力が必要なことは想像できますが、なぜ不安であることが悟りの条件なのでしょうか。

この不安は、一言でいえば「慚愧《ざんき》」の思いです。「慚」は「こんなことをしたら、格好悪いな」と恥じる気持ち、「愧」は恐れを意味します。恥ずべきことを恥じず、恐れるべきことを恐れないことは「悪の心情である」として、誡められているのです。

たとえば、会社の売り上げがいつまでも安泰であることはありえません。だからこそ、日々工夫や努力をするわけですが、私たちはつい現状が続くと思ってしまいます。そのように考えて努力を怠るのは恥ずべきことです。かといって、漠然と不安を抱き、未来を嘆いてばかりでも、いたずらに恐れていることにほかなりません。また、取り返しのつかないことにクヨクヨと感傷的になって、後悔し続けることも愚かな行ないだと言えます。

同じ不安でも「もっていい不安」と「もつべきでない不安」があるのです。自らを苦しめる不安は潔く捨てた方がよく、未来の自分を守る糧になる不安は、積極的に活用する。すべては自分自身がいかに制御できるかにかかっています。

人類は、火を活用することで文明の発展を遂げてきました。暖をとったり、食べ物を加熱調理したりと、生活環境を大きく改善し、恩恵を得てきたのです。しかし、便利である火も、扱いを間違えれば恐ろしい事態を招きます。海外で起こる森林火災が、消火活動もむなしく、瞬く間に周囲を焼き尽くしていく恐ろしさがそれを物語っています。

本書で取り上げてきた「不幸まっしぐら」な行動、その原因である「貪《とん》・瞋《しん》・癡《ち》」の心の三毒も、火に例えることができます。制御できなければ、最後には自分を焼き尽くすことになるのです。だからこそ、日常生活のなかでしっかりと「予防（防火）」し、それでも起こってしまう火は「初期消火」することが大切だと言えます。

心の火種が燃え上がるときの合図が、不安や恐れです。「生きづらさを感じる」「人間関係に疲れた」など心がＳＯＳを発しているとき、火種がくすぶっているのかもしれません。

残念ながら、完全なる悟りを得ない限り、私たち人間は三毒と付き合って生きていかざるを得ません。欲・怒り・愚かさの火種を、私たちは常にもっているということを自覚し、絶えず点検していくことで、「不幸まっしぐら」な生き方から脱していただきたいと思います。

令和四年十二月吉日　大愚元勝

大愚元勝（たいぐ げんしょう）

1972年、愛知県生まれ。佛心宗大叢山福厳寺住職。（株）慈光マネジメント代表取締役、慈光グループ会長。駒澤大学、曹洞宗大本山總持寺を経て、愛知学院大学大学院にて文学修士を取得。YouTubeチャンネル『大愚和尚の一問一答/Osho Taigu's Heart of Buddha』は登録者数57万人を超える（2023年3月24日現在）。主な著書に『苦しみの手放し方』（ダイヤモンド社）、『最後にあなたを救う禅語』（扶桑社）、『人生が確実に変わる　大愚和尚の答え』（飛鳥新社）、『ひとりの「さみしさ」とうまくやる本』（興陽館）などがある。

Kosei shuppan

これでは、不幸まっしぐら　今すぐ変えたい30の思考・行動

2023年1月30日　初版第1刷発行
2023年4月10日　初版第2刷発行

著　者　大愚元勝
発行者　中沢純一
発行所　株式会社佼成出版社
〒166-8535　東京都杉並区和田2-7-1
電話（03）5385-2317（編集）
（03）5385-2323（販売）
URL　https://kosei-shuppan.co.jp/
印刷所　大日本印刷株式会社
製本所　株式会社若林製本工場
編　集　金子友亮

ISBN978-4-333-02892-4　C0015　NDC184/232P/19cm

佼成出版社の本

許せないを気にしない。
——下町和尚の生き方放言——

◉名取芳彦

【電子版あり】
[四六判／236頁] 1,500＋税

日常で出遭う「許せない」。人情和尚の軽快な放言がその不安と怒りを解きほぐす。日々の生活を取り上げた身近な話題のなかに、確かな仏教のエッセンスが込められた一冊。自他共に許し穏やかな心を養う、著者初の仏教エッセイ。

現代人のための仏教説話50

◉窪島一系

【電子版あり】
[四六判／256頁] 1,500＋税

古今東西の仏教説話を50話選集。欲深い行動で悪の報いを受けたり、清らかな心から福徳を得たりするなど、ユニークな登場人物が織りなす数々のエピソードに、偉人・賢人の言葉を交えた解説で仏の教えを深読み。〝生き方の教科書〟と言える一冊。

『無門関』全48則
——〈あたりまえ〉に出会う禅問答——

◉野村春眠

【電子版あり】
[四六判／336頁] 2,000＋税

中国は宋の時代、無門慧開禅師が〝伝説〟の禅僧たちの問答48則に批評を加えて編纂した『無門関』。小児麻痺による障がいをもちながら社会で働き、黄檗宗において出家修行した豊富な人生経験をもとに、全48則の公案を鋭く考察する。

原訳「法句経（ダンマパダ）」一日一悟

◉アルボムッレ・スマナサーラ

【電子版あり】
[新書判／232頁] 1,100＋税

原訳『法句経』シリーズ第2弾！　一日一話ずつ読んでいけば、わずか4週間でブッダの悟りがあなたのものに——。スマナサーラ長老が再び「強く・賢く生きるための知恵」を説き明かす。

禅と哲学のあいだ
——平等は差別をもって現れる——

◉形山睡峰

【電子版あり】
[四六判／200頁] 2,000＋税

「差別と平等」「生と死」「迷いと悟り」「我と他」「明と暗」……仏教の言葉の多くが相対的な表現で説かれてきた。本書は相反する言葉をあげ、その中から二つの言葉が意味する真の思想を探る禅僧の哲学的考察。巻末に『般若心経』解説付。

ちょっと止まって、気づいて生きる
——ZEN問答でいこう——

◉村越英裕

【電子版あり】
[A5判／180頁] 1,800＋税

僧堂での日々。作務と老師から与えられる禅問答（公案）に、戸惑うばかりの私……お坊さんになるには、こんなに気遣いが必要で体力が消耗してゆくのか。公案の意味と実際を、奮闘した雲水時代に重ね、クイズもまじえたのしく描く。

※価格は2023年1月30日時点のものです。